외국인을 위한

# 항공객실서비스 한국어

외국인을 위한

# 항공객실서비스 한국어

오민재 지음

AIRLINE CABIN SERVICE for FOREIGNERS KOREAN

CENGAGE

Andover · Melbourne · Mexico City · Stamford, CT · Toronto · Hong Kong · New Delhi · Seoul · Singapore · Tokyo

## 저자소개

**오민재**

**현** 극동대학교 항공운항서비스학과 교수
한국항공대학교 관광경영 경영학 석사
한국어교원 2급

**전** 대한항공 객실승무부 근무


# (외국인을 위한) 항공객실서비스 한국어

초판 1쇄 인쇄 | 2019년 2월 21일
초판 1쇄 발행 | 2019년 3월 4일

지은이 | 오민재
발행인 | 송성헌
발행처 | 센게이지러닝코리아㈜
등록번호 | 제313-2007-000074호(2007.3.19.)
주　소 | 서울시 마포구 상암산로 76 YTN 뉴스퀘어 14층
전　화 | 02) 330-7000
이메일 | asia.infokorea@cengage.com
홈페이지 | www.cengage.co.kr

ISBN-13: 978-89-6218-443-3

정가 20,000원

# 머리말

이 책은 한국어를 모국어로 하지 않는 화자를 위한 교재로, 항공사 승무원이 되기 위해 공부하는 학생들을 위한 항공객실 서비스 실무 한국어입니다.
한국어 초급(TOPIK 2급) 수준의 한국어 이해력과 구사 능력이 있다면 누구든지 쉽게 학습할 수 있도록 만들었습니다.
총 6장으로 구성되어 있으며, 항공객실 서비스 부분의 NCS 학습 모듈을 기반으로 승객의 항공기 탑승에서부터 내릴 때까지의 순서를 상황별로 실용적인 대화문으로 구성하였습니다.
각 장은 한국어 실무 표현, 대화문, 대화문 표현 익히기, 연습하기, 항공객실 업무 지식으로 구성되어 있습니다. 서비스에 필요한 실무 표현을 중심으로 상황별 대화문을 통해 학습할 수 있도록 하였습니다.
또한 항공사 객실 승무원으로서 품위 있고 친절한 한국어 표현을 익힐 수 있도록 하였습니다. 격식체 표현에 익숙하지 않은 학습자들을 위해 자주 사용되는 표현을 '대화문 표현 익히기'에 담아 문법에 대한 이해를 도왔습니다.
한국어를 제2언어로 학습하며, 항공사 승무원이 되기 위해 공부하는 모든 분들이, 항공객실 업무 지식뿐만 아니라 서비스에 대해 이해하고 자신 있는 한국어 구사 능력을 갖춰 원하는 곳에 취업할 수 있기를 바랍니다.

2019년 2월

오 민 재

# 항공객실서비스의 NCS-학습모듈

| 대분류 | 이용·숙박·여행·오락·스포츠 |
|---|---|
| 중분류 | 관광·레저 |
| 소분류 | 여행서비스 |

| 세분류 | | |
|---|---|---|
| 여행상품개발 | **능력단위** | **학습모듈명** |
| 여행상품상담 | 기내 일상 안전관리 | 기내 일상 안전관리 |
| 국내여행안내 | 승객 탑승 전 준비 | 승객 탑승 전 준비 |
| 해외여행안내 | 승객 탑승 및 이륙전 서비스 | |
| 항공 객실서비스 | 비행 중 서비스 | 비행 중 서비스 |
| | 착륙 전 서비스 | 착륙 전 서비스 |
| | 착륙 후 서비스 | 착륙 후 서비스 |
| | 승객 하기 후 관리 | 승객 하기 후 관리 |
| | 응급환자 대처 | 응급환자 대처 |
| | 객실승무 관리 | 객실승무 관리 |

# 차례

PART I

# 승객 탑승 및 이륙 전 서비스

## Boarding & Ground Service

| 주요 업무 | 책임 및 역할 |
|---|---|
| 탑승 위치 대기하기 | • 객실 서비스 규정에 따라 승객의 항공기 탑승 전 각자에게 부여된 임무를 수행하기 위하여 해당 근무 지역에서 탑승을 위해 대기한다.<br>• 객실 서비스 규정에 따라 승객 탑승 시 대기 자세를 취한다.<br>• 객실 서비스 규정에 따라 승객 탑승 시 밝은 표정으로 환영 인사를 한다.<br>• 객실 서비스 규정에 따라 탑승 승객에 따른 눈높이 서비스 자세를 취한다. |
| 탑승권 재확인하기 | • 객실 서비스 규정에 따라 승객의 출발 일시를 확인한다.<br>• 객실 서비스 규정에 따라 승객의 목적지를 파악한다.<br>• 객실 서비스 규정에 따라 승객의 좌석 등급을 구별한다.<br>• 객실 서비스 규정에 따라 승객의 좌석 번호를 확인한다. |
| 좌석 안내하기 | • 객실 서비스 규정에 따라 승객들에게 지정된 좌석 번호를 재확인한다.<br>• 객실 서비스 규정에 따라 좌석 배열을 파악하고 승객에게 정확한 좌석을 안내한다.<br>• 객실 서비스 규정에 따라 승객에게 좌석 설비 사용법을 안내한다.<br>• 객실 서비스 규정에 따라 좌석 상태를 파악하여 조치한다. |
| 수하물 정리 지원하기 | • 객실 서비스 규정에 따라 좌석 주변의 공간을 파악하여 승객에게 객실 선반의 위치를 안내한다.<br>• 객실 서비스 규정에 따라 안전하게 선반을 작동한다.<br>• 객실 서비스 규정에 따라 수하물의 특성별로 보관하도록 안내한다.<br>• 객실 서비스 규정에 따라 수하물을 안전하게 다룬다<br>• 객실 서비스 규정에 따라 수하물의 보관 위치를 기억하여 승객에게 다시 전달한다. |
| 특수 고객 지원하기 | • 객실 서비스 규정에 따라 특수 고객 탑승 여부를 확인한다.<br>• 객실 서비스 규정에 따라 특수 고객의 특성에 따른 인사를 하고 좌석을 안내한다.<br>• 객실 서비스 규정에 따라 특수 고객에게 기내 설비 사용법을 안내한다.<br>• 객실 서비스 규정에 따라 특수 고객에 대한 여행 편의를 제공한다. |

출처: NCS 홈페이지

# 1 승객 탑승 안내 업무

Boarding

## 한국어 실무 표현

01. 안녕하십니까? 어서 오십시오.
02. 실례합니다. 탑승권을 보여주시겠습니까?
03. 보안상의 이유로 손님의 탑승권을 확인하겠습니다.
04. 다른 쪽 통로를 이용해주시기 바랍니다.
05. 손님 좌석은 객실 뒤쪽(앞쪽/중간) 입니다.
06. 손님 좌석은 창가 측(통로 측/가운데)입니다.
07. 이쪽으로 가십시오.
08. 건너편으로 가십시오.
09. 건너편 뒤쪽(앞쪽)으로 가주시기 바랍니다.
10. 협조해주셔서 감사합니다.
11. 실례합니다. 손님이 지나가시도록 잠시만 안쪽으로 서주시겠습니까?

# 대화문

## 탑승구에서 안내

at the boarding gate

### 상황 1

| | |
|---|---|
| **승무원** | 안녕하십니까, 어서 오십시오!<br>탑승권을 보여주시겠습니까? |
| **승 객** | 안녕하세요? 네, 여기 있습니다. |
| **승무원** | 감사합니다. 손님 좌석은 객실 오른쪽입니다.<br>저쪽으로 가십시오. |
| **승 객** | 감사합니다. |
| **승무원** | 즐거운 여행이 되시기 바랍니다. |

### 상황 2

| | |
|---|---|
| **승무원** | 안녕하십니까, 어서 오십시오!<br>탑승권을 보여주시겠습니까? |
| **승 객** | 38A예요. 어디인지 알아요. |
| **승무원** | 죄송합니다만, 보안상의 이유로 탑승권을 확인해야 합니다.<br>다시 한 번 보여주시겠습니까? |
| **승 객** | 네. 여기 있습니다. |
| **승무원** | 협조해주셔서 감사합니다.<br>손님 좌석은 오른쪽 창 측입니다. 이쪽으로 가십시오. |

## 객실 내에서 안내

in the cabin

**상황 1**

**승 객** 실례합니다. 제 좌석 번호가 23C인데 어느 자리인가요?

**승무원** 손님 좌석은 통로 측입니다. 여기 앉으시면 됩니다.

**승 객** 네, 감사합니다.

Yannik Bikker/Shutterstock.com

**상황 2**

**승무원** 실례합니다.
이 손님이 지나가시도록 잠시만
안쪽으로 서주시겠습니까?

**승 객** 네, 미안합니다.

**승무원** 감사합니다.

**상황 3**

**승무원** 실례합니다, 손님.
자리에 앉아 기다려주시겠습니까?
탑승하는 승객분들이 지나가셔야 해서요.
협조해주셔서 감사합니다.

**상황 4**

**승 객** 제 자리가(좌석이) 몇 번인가요?

**승무원** 손님 자리는 53K입니다.
이쪽으로 오십시오.
객실 뒤편입니다.
여기입니다. 창 쪽입니다.

**승 객** 감사합니다.

**승무원** 별말씀을요.
즐거운 여행 되세요.

# 대화문 표현 익히기

## ~주시겠습니까?

동사 –아/어 + 주시겠습니까?

1. 동사에 붙어 상대방의 의향을 물어볼 때 쓴다.
2. 명령문을 권유의 의미로 의문형으로 바꾸어 표현할 때 쓴다.
3. 다른 사람을 위해 어떤 행동을 할 수 있는지를 물을 때 쓴다.

### 형태 정보

<table>
<tr><th>어간 모음</th><th>형태</th><th>받침 유무</th><th>예시</th></tr>
<tr><td rowspan="4">ㅏ/ㅗ</td><td rowspan="4">–아</td><td rowspan="2">받침 ○</td><td>앉다: 앉– + –아 → 앉아</td></tr>
<tr><td>닫다: 닫– + –아 → 닫아</td></tr>
<tr><td rowspan="2">받침 ×</td><td>가다: 가– + –아 → (가아) → 가</td></tr>
<tr><td>보다: 보– + –아 → 보아 → 봐</td></tr>
<tr><td rowspan="6">ㅏ/ㅗ 외</td><td rowspan="6">–어</td><td>받침 ○</td><td>열다: 열– + –어 → 열어</td></tr>
<tr><td rowspan="5">받침 ×</td><td>서다: 서– + –어 → (서어) → 서</td></tr>
<tr><td>쉬다: 쉬– + –어 → 쉬어</td></tr>
<tr><td>마시다: 마시– + –어 → (마시어) → 마셔</td></tr>
<tr><td>주다: 주– + 어 → 주어 → 줘</td></tr>
<tr><td>보내다: 보내– + 어 → 보내</td></tr>
<tr><td>하다</td><td>–여</td><td>–</td><td>하다: 하– + –여 → (하여) → 해</td></tr>
</table>

**예 문**

- 탑승권을 보여주시겠습니까?
- 좌석에 앉아주시겠습니까?
- 창문 커튼을 열어주시겠습니까?
- 식사 테이블을 닫아주시겠습니까?
- 선반 위에 보관해주시겠습니까?

## 주요 단어

- 탑승권
- 승객
- 탑승하다
- 좌석 번호
- 통로 쪽
- 창 쪽
- 중간 좌석
- 협조하다

# 연습하기

※ 다음의 문장을 완성하시오.

## 1. 탑승구에서 안내

**승무원** 안녕하십니까? 탑승권을 보여주시겠습니까?

**승 객** ______________________________.

**승무원** ______________________________.

**승 객** ______________________________.

**승무원** ______________________________.

## 2. 통로에서의 좌석 안내

**승무원** 좌석 번호가 몇 번이십니까?

**승 객** ______________________________.

**승무원** ______________________________.

**승 객** ______________________________.

## 3. 좌석 안내

**승무원** 안녕하십니까? 좌석이 몇 번이십니까?

**승 객** ______________________________.

**승무원** ______________________________.

**승 객** ______________________________.

# 수하물 관리
Baggage Handling

2

## 한국어 실무 표현

01. 가방은 선반 위에 보관해주시기 바랍니다.
02. 서류가방을 좌석 밑이나 선반 위에 보관해주시기 바랍니다.
03. 비행 중에 짐을 복도에 두시면 안 됩니다.
04. 짐을 여기에 두시면 안 됩니다.
05. 코트룸(coat room)에 보관해드리겠습니다.

### 기내방송-항공편 안내

손님 여러분,
이 비행기는 _____까지 가는 OO항공 _____편입니다.
여러분의 탑승권을 확인해주시기 바랍니다.
감사합니다.

### 기내방송-수하물 보관

손님 여러분,
가지고 계신 짐은/ 앞 좌석 밑이나 선반 속에 보관해주시고,/
선반을 여실 때는/ 먼저 넣은 물건이/ 떨어지지 않도록 조심해주십시오.
감사합니다.

# 대화문

## 상황 1

**승무원** 안녕하십니까? 가방을 들어드릴까요?

**승 객** 감사합니다.

**승무원** 가방을 선반 위에 올려드리겠습니다.

**승 객** 감사합니다.

**승무원** 천만에요, 즐거운 여행 되세요.

©Getty Images Bank

**상황 2**

**승 객** 실례합니다. 가방 좀 선반 위에 올려주시겠어요?

**승무원** 네, 물론이죠.
손님, 죄송하지만 이 가방은
선반에 올리기엔 너무 무거운데
좌석 밑에 두시겠습니까?

**승 객** 네, 괜찮아요.

**승무원** 네, 감사합니다.

**상황 3**

**승무원** 실례합니다, 이 가방들이 손님 건가요?

**승 객** 네, 왜요?

**승무원** 죄송합니다만, 비행 중에는 통로에 짐을 두실 수 없습니다.
괜찮으시면 짐을 선반 위에 보관해주시겠습니까?

**승 객** 아, 정말요? 알겠습니다.

**승무원** 제가 도와드리겠습니다. 협조해주셔서 감사합니다.

### 상황 4

**승무원** 실례합니다. 가방 위에 다른 짐을 올려두시면 선반 문을 열 때나 착륙 시에 떨어질 위험이 있습니다.

**승 객** 네, 그럼 제 짐을 어디에 둘 데가 있나요?

**승무원** 이쪽 선반 위에 두시면 됩니다. 제가 도와드리겠습니다.

**승 객** 감사합니다.

**승무원** 별말씀을요.

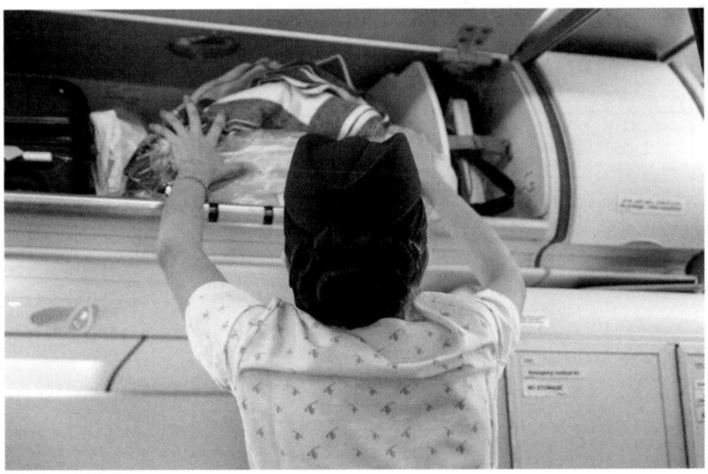

# 대화문 표현 익히기

## ~(으)면 됩니다

동사/형용사 –(으)면 + 됩니다.

1. 어떤 결과나 기준을 만족시킬 만한 조건이나 정도를 표현한다.
2. 어미 '–으면'과 동사 '되다'가 함께 쓰인 격식체 표현이다.

### 형태 정보

| 어간 | 받침 유무 | 형태 | 예시 |
|---|---|---|---|
| 동사/형용사 | 받침 ○ | –으면 | 읽다: 읽 + 으면 → 읽으면 |
| | | | 앉다: 앉 + 으면 → 앉으면 |
| | 받침 × | –면 | 가다: 가 + 면 → 가면 |
| | | | 두다: 두 + 면 → 두면 |

예 문

- 선반 위에 두시면 됩니다.
- 아내분과 함께 앉으시면 됩니다.
- 잘 섞어서 드시면 됩니다.
- 비닐 백에 넣으시면 됩니다.
- 저쪽으로 가시면 됩니다.

## 주요 단어

| | | | |
|---|---|---|---|
| • 선반 위에 | • 보관하다 | • 서류가방 | • 좌석 밑에 |
| • 착륙하다 | • 이륙하다 | • 위험하다 | • 떨어지다 |

## 연습하기

※ 다음의 문장을 완성하시오.

### 1. 가방을 든 승객

**승무원** ________________________________________.

**승 객** 짐을 선반에 올려야 하나요?

**승무원** ________________________________________.

**승 객** ________________________________________.

### 2. 무거운 짐을 선반에 넣으려는 승객

**승 객** ________________________________________.

**승무원** ________________________________________.

**승 객** ________________________________________.

**승무원** ________________________________________.

### 3. 선반 속에 이중으로 짐을 넣는 승객

**승무원** ________________________________________.

**승 객** ________________________________________.

**승무원** ________________________________________.

**승 객** ________________________________________.

# 항공객실 업무 지식

1. 기내에 반입 가능한 휴대용 수하물에 대하여 설명하세요.

2. 기내에 반입할 수 있는 아기용 유모차에 대하여 설명하세요.

3. 기내에 반입 가능한 악기에 대해 설명하세요.

3

# 좌석 안내

Seating Arrangement

## 한국어 실무 표현

01. 죄송합니다만, 다른 좌석에 앉으신 것 같습니다.
02. 제가 확인하는 동안 잠시만 기다려주시겠습니까?
03. 승객들이 모두 탑승할 때까지 기다려주시겠습니까?
04. 제가 좌석까지 안내해드리겠습니다.
05. 죄송합니다만, 좌석을 바꿔주시겠습니까?
06. 이 좌석 바로 뒤가 손님의 좌석입니다.
07. 죄송합니다만, 좌석 배치에 문제가 있었던 것 같습니다.
08. 좌석이 다시 배치가 되었습니다.
09. 다른 좌석이 있는지 확인해보겠습니다.
10. 오늘은 모든 좌석이 다 찼습니다.
11. 객실 중앙에 빈 좌석이 몇 개 있습니다.

# 대화문

### 상황 1(WRONG SEAT)

**승 객 1** 실례합니다만, 제 자리에 다른 분이 있습니다.

**승무원** 제가 확인해보겠습니다.

**승무원** (승객 2) 실례합니다. 탑승권을 보여주시겠습니까?
감사합니다.
죄송하지만 다른 좌석에 앉으신 것 같습니다.
손님 좌석은 이 자리 바로 뒤입니다.

**승 객 2** 아, 죄송합니다.

**승 객 1** 괜찮습니다.

**승무원** 기다려주셔서 감사합니다.
제가 다른 도와드릴 것이 있습니까?

**승 객 1** 괜찮습니다. 감사합니다.

**승무원** 감사합니다.(별말씀을요.)

### 상황 2(SEPARATE SEAT)

**승 객** 실례합니다.
제 아내와 제가 좌석이 떨어져 있습니다.
비어 있는 좌석이 있으면 같이 앉고 싶은데요.
가능할까요?

(케이스 1)

**승무원** 잠시만 기다려주시겠습니까? 빈 좌석이 있는지 확인해보겠습니다.
(……)
객실 뒤쪽에 두 분이 앉을 수 있는 빈 좌석이 있습니다.
괜찮으시겠습니까?

**승 객** 좋습니다.

**승무원** 짐을 가지고 저를 따라오시겠습니까?
제가 안내해드리겠습니다.

**승 객** 도와주셔서 감사합니다.

**승무원** 빈 좌석이 있어서 다행입니다.
즐거운 여행 되세요.

## 상황 2

(케이스 2)

**승무원** 잠시만 기다려주시겠습니까? 확인하고 알려드리겠습니다.
(……)
죄송합니다만 오늘은 모든 좌석이 다 찼습니다.

**승 객 1** 미안하지만, 제 아내 옆에 앉아 있는 승객에게 좀 여쭤봐주시겠습니까?

**승무원** 네, 아내분 좌석이 몇 번인가요?

**승 객 1** 35A입니다.

**승무원** 네, 잠시만 기다려주시기 바랍니다.
(……)

**승 객 2** 실례합니다. 옆에 앉아 계신 분이 남편분과 좌석이 떨어져 있습니다. 괜찮으시면 두 분이 함께 앉아 가시도록 좌석을 좀 바꿔주시겠습니까?

**승 객 2** 아, 네 좋습니다. 그러면 어디에 앉아야 하나요?

**승무원** 감사합니다. 제가 안내해드리겠습니다.
짐이 있으신가요? 제가 들어드리겠습니다.
이쪽으로 오시겠습니까?
(……)

**상황 2**

**승무원** (승객 1) 이분께서 자리를 바꿔주셨습니다.
아내분과 함께 앉으시면 됩니다.

**승 객 1** 정말 감사합니다.

**승 객 2** 괜찮습니다.

**승무원** (승객 2) 협조해주셔서 정말 감사합니다.

(케이스 3)

**승무원** 죄송합니다만, 오늘 좌석이 만석이고, 양쪽에
일행이 계셔서 좌석 변경이 어렵습니다.

**승 객** 괜찮습니다.

**승무원** 이해해주셔서 감사합니다.
비행 중에 필요한 것이 있으면 언제든지
말씀해주시기 바랍니다.

## 상황 3(DUPLICATED SEAT)

**승 객 1** 실례합니다. 제 자리에 다른 분이 계십니다.

**승무원** (승객 1) 탑승권을 확인할 수 있을까요?
(승객 2) 실례합니다, 손님.
탑승권 좀 보여주시겠습니까?
죄송합니다만, 좌석 배정에 문제가
있었던 것 같습니다.
(승객 1) 제가 확인하는 동안 잠시 여기서
기다려주시겠습니까?
(……)

**승무원** 기다려주셔서 감사합니다.
손님 좌석은 38A입니다.
자리로 안내해드리겠습니다.
이쪽으로 오시겠습니까?
여기가 손님 좌석입니다.
불편을 끼쳐드려서 죄송합니다.

### 상황 4(UPGRADE 1)

**승 객** 실례합니다만, 빈 좌석이 있으면 비즈니스석에 앉고 싶습니다. 자석을 바꿀 수 있을까요?

**승무원** 죄송합니다만, 비행 중에는 좌석을 업그레이드 할 수 없습니다.

**승 객** 네, 알겠습니다.

**승무원** 이해해주셔서 감사합니다.

### 상황 5(UPGRADE 2)

**승 객** 실례합니다만, 좌석을 비즈니스석으로 옮길 수 있을까요?

**승무원** 네, 가능합니다. 추가 비용이 얼마인지 알아봐드릴까요? 계산은 신용카드로 결제하시면 됩니다.

**승 객** 네, 부탁드립니다.

**승무원** 잠시만 기다려주십시오.

# 대화문 표현 익히기

## ~아/어 드리겠습니다

동사 + 드리겠습니다.

1. 윗사람을 위해 어떤 행동을 하는 것을 표현한다.
2. 동사 어미 –아/어에 '주다'의 높임 표현 '드리다'에 어미 '겠'을 붙여 의도나 의지를 나타내는 공손한 표현이다.

### 형태 정보

| 어간 모음 | 형태 | 받침 유무 | 예시 |
|---|---|---|---|
| ㅏ/ㅗ | –아 | 받침 ○ | 알아보다: 알아보 + 아 → 알아봐 |
| | | 받침 × | 따라가다: 따라가 + 아 → (따라가아) → 따라가 |
| ㅏ/ㅗ 외 | –어 | 받침 ○ | 만들다: 만들– + –어 → 만들어 |
| | | 받침 × | 쓰다: 쓰– + –어 → (쓰어) → 써 |
| 하다 | –여 | – | 안내하다: 안내하– + –여 →안내(하여) → 안내해 |

**예 문**

- 알아봐드리겠습니다.
- 안내해드리겠습니다.
- 아기용 바구니(요람)을 설치해드리겠습니다.
- 입국카드를 써드리겠습니다.
- 음료 컵을 치워드리겠습니다.

## 주요 단어

| | | | |
|---|---|---|---|
| • 빈 좌석 | • 계산 | • 신용카드 | • 분리 좌석 |
| • 좌석 배정 | • 추가 비용 | • 중복 좌석 | • 좌석 승급 |

# 연습하기

※ 다음의 대화 문장을 완성하시오.

## 1. 중복 좌석(DOUBLE SEAT) 상황

승 객 ______________________________.

승무원 ______________________________.

승 객 ______________________________.

승무원 ______________________________.

## 2. 분리 좌석(SEPARATE SEAT) 상황

승 객 ______________________________.

승무원 ______________________________.

승 객 ______________________________.

승무원 ______________________________.

## 3. 좌석 업그레이드 요청 상황

승 객 ______________________________.

승무원 ______________________________.

승 객 ______________________________.

승무원 ______________________________.

# 항공객실 업무 지식

## 1. 아기용 바구니(BABY BASSINET)의 사용 방법에 대해 설명하세요.

설치 시점과 보관 장소:

설치 방법:

## 2. 기내에서의 좌석 업그레이드 방법에 대해 설명하세요.

# 4 지상 서비스

Ground Service

## 한국어 실무 표현

01. 이어폰(헤드폰)을 쓰시겠습니까?
02. 승객 탑승이 끝난 후에, 제가 가져다드리겠습니다.
03. 요청하신 신문이 여기 있습니다.
04. 그 신문이 다 떨어졌습니다.
05. 다른 신문이 있는지 확인해보겠습니다.
06. 죄송하지만 『시카고 트리뷴』은 이 비행기에 실리지 않습니다.
07. 이륙한 후에 아기 침대를 설치해드리겠습니다.
08. 잠시 후에 가져다드리겠습니다.
09. 기다려주셔서 감사합니다.

# 대화문

## 신문 서비스

Newspaper Service

### 상황 1

**승 객** 실례합니다. 『월스트리트 저널(Wall Street Journal)』이 있습니까?

**승무원** 네, 손님. 잠시만 기다려주시기 바랍니다.
확인해보고 바로 가져다드리겠습니다.
(……)
기다려주셔서 감사합니다.
여기 『월스트리트 저널』입니다.

**승 객** 감사합니다.

**승무원** 천만에요.
즐거운 비행이 되시기 바랍니다.

### 상황 2

**승 객** 실례합니다. 『시카고 트리뷴(Chicago Tribune)』을 볼 수 있을까요?

**승무원** 죄송합니다만 『시카고 트리뷴』은 실리지 않았습니다.
『헤럴드 트리뷴(Herald Tribune)』은 어떠신가요?

**승 객** 네, 그걸로 주세요.

**승무원** 여기 있습니다.

**상황 3**

**승 객** 다른 신문이 있습니까?

**승무원** 네, 다른 신문이 있는지 확인해보겠습니다.
(……)
기다려주셔서 감사합니다.
『뉴욕 타임스(New York Times)』와
『워싱턴 포스트(Washington Post)』가 있습니다.
어느 것이 좋으신가요?

**승 객** 『워싱턴 포스트』가 좋겠습니다.

**승무원** 여기 있습니다. 즐거운 비행 되세요

Sorbis/Shutterstock.com

## 헤드폰 서비스

Headphones Service

### 상황 1

**승무원** 헤드폰을 사용하시겠습니까?

**승 객** 네, 부탁드립니다(네, 주세요).

**승무원** 여기 헤드폰이 있습니다.

**승 객** 감사합니다.

**승무원** 즐거운 비행 되세요.

### 상황 2

**승 객** 실례합니다. 헤드폰이 제대로 작동을 하지 않습니다.
아무것도 들을 수가 없습니다.

**승무원** 제가 확인해드리겠습니다.

**승 객** 네, 부탁합니다.

**승무원** 헤드폰이 불량인 것 같습니다.
제가 다른 것으로 바로 가져다드리겠습니다.
(……)
기다려주셔서 감사합니다.
여기 새 해드폰이 있습니다.
불편을 끼쳐드려서 죄송합니다.

### 상황 3

**승무원** 사모님, 여기 헤드폰이 있습니다.

**승 객** 감사합니다. 이 오디오 시스템을 어떻게
사용하는 건가요? 잘 모르겠어요.

**승무원** 리모컨이나 터치스크린을 사용해서 메인 메뉴와 언어를
선택하실 수 있습니다.
AV 시스템에 대한 자세한 사항은 좌석에 있는
안내서를 참고해주시기 바랍니다.

**승 객** 감사합니다.

**승무원** 별말씀을요. 즐거운 여행 되시기 바랍니다.

### 상황 4

**승무원** 손님, 헤드폰을 사용하시겠습니까?

**승 객** 네, 주세요.

**승무원** 여기 있습니다.

**승 객** 감사합니다. 어떤 음악을 들을 수 있나요?

**승무원** 케이팝, 클래식, 일본 음악, 재즈 등 여러 가지
음악을 들으실 수 있습니다. 좌석 앞 주머니에 있는
잡지에서 더 많은 정보를 얻으실 수 있습니다.

**승 객** 감사합니다.

**승무원** 별말씀을요. 즐거운 여행 되세요.

상황 5

**승무원** 실례합니다. 핸드폰이 여기 있습니다.

**승 객** 이거 제가 돈을 지불해야 하나요?

**승무원** 아닙니다. 무료입니다.

**승 객** 오, 정말요? 감사합니다.

**승무원** 도움이 되어서 기쁩니다. 즐거운 비행 되세요.

## 담요 서비스

Blanket Service

**상황 1**

**승 객** 담요 하나만 더 주실 수 있나요?

**승무원** 물론입니다. 손님, 제가 하나 더 가져다드리겠습니다.
(……)
기다려주셔서 감사합니다.
여기 담요가 있습니다.

**승 객** 감사합니다.

**승무원** 별말씀을요.

Nataliya Pylayeva/Shutterstock.com

## 대화문 표현 익히기

### ~ 수 있습니다.

동사 −을 수 + 있습니다.

**1.** 어떤 방법이나 가능성이 있음을 나타내는 표현이다.

**2.** 어미 '−을'과 의존명사 '수', 형용사 '있다'의 격식체 '있습니다'가 함께 쓰인 표현이다.

**형태 정보**

<table>
<tr><th>어간</th><th>받침 유무</th><th>형태</th><th>예시</th></tr>
<tr><td rowspan="4">동사</td><td rowspan="2">받침 ○</td><td rowspan="2">−을 수 있다</td><td>얻다: 얻 + 을 수 → 얻을 수 있나</td></tr>
<tr><td>늦다: 늦 + 을 수 → 늦을 수 있다</td></tr>
<tr><td rowspan="2">받침 ×</td><td rowspan="2">−ㄹ 수 있다</td><td>선택하다: 선택할 + 수 → 선택할 수 있다</td></tr>
<tr><td>오다: 올 + 수 → 올 수 있다</td></tr>
</table>

예 문

- 더 많은 정보를 얻을 수 있습니다.
- 언어를 선택할 수 있습니다.
- 여러 가지 음악을 들을 수 있습니다.
- 최신 영화를 볼 수 있습니다.

## 주요 단어

- 불량
- 음악
- 담요
- 베개
- 잡지
- 신문
- 무료
- 최신 영화
- 정보
- 경제신문

# 연습하기

※ 다음의 문장을 완성하시오.

## 1. 신문 서비스 상황

승무원 ______________________________.

승 객 ______________________________.

승무원 ______________________________.

승 객 ______________________________.

승무원 ______________________________.

## 2. 헤드폰 서비스 상황

승무원 ______________________________.

승 객 ______________________________.

승무원 ______________________________.

승 객 ______________________________.

## 3. 담요와 베개를 추가로 원하는 승객

승 객 ______________________________.

승무원 ______________________________.

승 객 ______________________________.

승무원 ______________________________.

## 항공객실 업무 지식

1 항공기 AV 시스템에 대해서 설명하세요.

2. 기내방송의 우선순위에 대해 설명하세요.

3. FSC(FULL SERVICE CARRIER)와 LCC(LOW COST CARRIER)에 대해 설명하세요.

# 5 유아 동반 승객

Passenger with a baby

## 한국어 실무 표현

01. 제가 담당 승무원입니다.
02. 쓰레기는 이 비닐 백에 넣으시면 됩니다.
03. 유아용 요람을 요청(신청)하셨습니까?
04. 이륙 후에 유아용 요람을 설치해드리겠습니다.
05. 승객과 아이의 안전을 위해서입니다.
06. 난기류가 있을 시에는 아이를 안으셔야 합니다.
07. 아기용품입니다.

# 대화문

## 상황 1

**승무원** 안녕하십니까? 제가 담당 승무원입니다.
비행하시는 동안에 쓰레기는 이 비닐 백에 넣으시면 됩니다.
도움이 필요하시면 언제든지 알려주십시오.

**승 객** 감사합니다. 유아용 요람이 필요한데요?

**승무원** 요람이 필요하다고 요청(신청)하셨습니까?

**승 객** 네. 요청(신청)했습니다.

**승무원** 아, 그러시면 이륙 후에 유아용 요람을 설치해 드리겠습니다.
손님과 아이의 안전을 위해서입니다.

**승 객** 알겠습니다. 감사합니다.

이륙 후(after take-off)

**승무원** 실례합니다. 손님, 여기 유아용 요람이 있습니다.
제가 설치해드리겠습니다. 난기류가 있을 시에는 안전을 위해서 아이를 안으셔야 합니다.

**승 객** 네. 감사합니다.

**승무원** 더 필요하신 것이 있습니까?

# 대화문 표현 익히기

## ~아/어야 합니다

동사/형용사 −아/어야 + 합니다

1. 반드시 어떤 행동을 하거나 어떤 상태가 될 필요가 있음을 나타낸다.
2. 어미 '−아/어야'와 동사 '하다'가 함께 쓰인 표현이다.
2. 보조사 '만'이 덧붙어 그 의미를 강조하기도 한다.

### 형태 정보

| 어간 모음 | 형태 | 예시 |
|---|---|---|
| ㅏ/ㅗ | −아야 하다 | 닫다: 닫 + 아야 → 닫아야 하다 |
| | | 놀다: 놀+ 아야 → 놀아야 하다 |
| ㅏ/ㅗ 외 | −어야 하다 | 넣다: 넣 + 어야 → 넣어야 하다 |
| | | 예쁘다: 예쁘 + 어야 → (예뻐야) → 예뻐야 하다 |

예 문

- 창문 커튼을 닫아야 합니다.
- 아기를 안아야 합니다.
- 짐은 선반 속에 넣어야 합니다.
- 세관 신고서를 작성해야 합니다.

## 주요 단어

- 아기 요람
- 설치하다
- 필요하다
- 안다
- 넣다
- 쓰레기
- 난기류
- 요청하다
- 신청하다

# 연습하기

※ 다음의 문장을 완성하시오.

## 1. 유아 동반 승객 좌석 안내

승무원 ______________________.

승 객 ______________________.

승무원 ______________________.

승 객 ______________________.

승무원 ______________________.

## 2. 유아용품 서비스

승무원 ______________________.

승 객 ______________________.

승무원 ______________________.

승 객 ______________________.

## 3. 아기 요람 설치 안내

승무원 ______________________.

승 객 ______________________.

승무원 ______________________.

승 객 ______________________.

## 항공객실 업무 지식

**1. 아기 요람 신청 방법에 대해 설명하세요.**

**2. 기내에 탑재되는 아기용품에 대해 설명하세요.**

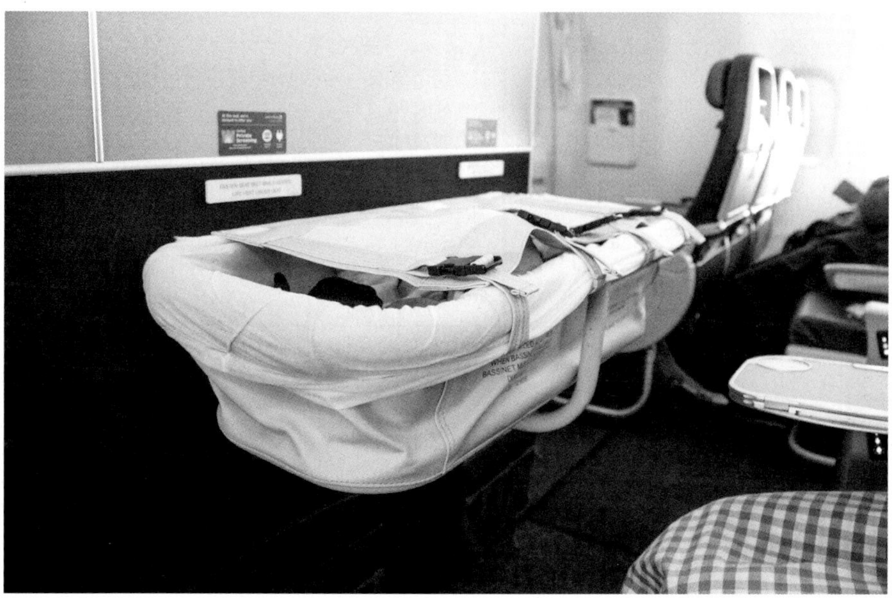

# 6 특별식
Special Meal

| | | |
|---|---|---|
| 종교상 이유 | 힌두식(HNML / Hindu Meal) | 소고기를 먹지 않는 힌두 교도를 위한 식사 |
| | 무슬림식(MOML / Moslem Meal) | 돼지고기를 먹지 않는 이슬람 교도를 위한 식사 |
| | 채식(VGML / Vegetarian Meal) | 종교, 건강, 문화적 이유로 육류를 먹지 않는 채식주의자를 위한 식사<br>VGML 스트릭트(strict)는 육류뿐만 아니라 달걀, 유제품 등 동물성 음식류를 일체 먹지 않는 엄격한 채식주의자의 식사이다. |
| | 유대교식(KSML / Kosher Meal) | 유대교 신봉자인 유대인의 종교 음식. 유대교 율법에 따라 조리된 음식으로 닭고기나 생선이 주가 되며, 무교병(Matzo)을 제공한다.<br>식기는 일회용 기물을 이용하고 종이 상자에 봉해져 있다. 승객에게 반드시 허락을 얻은 후 개봉하여 데워야 한다. |
| 건강, 신체 여건 및 기호 | 저지방 · 콜레스테롤식<br>(LFML / low fat · cholesterol meal) | 지방, 육류의 기름기를 제거하고 만든 저콜레스테롤, 저지방 식사로 심장병, 동맥경화증, 비만증 등 성인병 환자에게 제공한다. |
| | Oriental meal (ORML) | 중국식으로 조리된 식사로 동남아시아 승객의 선호도가 높다. |
| | 당뇨식<br>(DBML / diabetic meal) | 열량, 단백질, 지방, 당질의 섭취량을 조절하는 동시에 식사량의 배분, 포화 지방산의 섭취 제한 등을 고려한 식사 |
| | 저열량식<br>(LCML / low calorie meal) | 체중 조절을 목적으로 열량을 제한한 식사 |
| | 저단백식<br>(LPML / low protein meal) | 육류, 달걀 및 유제품 등 단백질 식품을 제한한 식사 |
| | 고섬유식<br>(HFML / high fiber meal) | 만성 변비 승객에게 제공되며 섬유질이 많은 곡류, 과일, 채소가 많이 든 식사(1일 20~25g의 식이섬유소를 포함) |

| | | |
|---|---|---|
| 건강, 신체 여건 및 기호 | 연식(BLML / bland meal) | 소화 장애가 있거나 수술 후 회복기에 있는 승객을 위한 식사로 데치거나 끓여서 부드럽게 조리하고 자극성 향신료를 넣지 않고 만든 식사 |
| | 저염식<br>(LSML / low salt meal) | 심장병, 고혈압 환자인 승객을 위해 소금 및 소금이 포함된 제품은 사용하지 않고 만든 식사(1일 염분 섭취량을 5g 이하로 제한한 식사) |
| | 유당 제한식<br>(NLML / low lactose meal) | 우유에 함유된 유당 소화에 장애가 있는 승객에게 제공하며, 유당을 함유하고 있는 유제품(우유, 크림, 분유)을 엄격히 제한한 식사 |
| | 글루텐 제한식<br>(GFML / gluten intolerant meal) | 식사 재료 안의 글루텐 함유를 엄격히 제한한 식사 |
| | 해산물식<br>(SFML / seafood meal) | 생선 및 해산물을 주제료 곡류, 채소류 및 과일류와 함께 제공 |
| | 과일식<br>(FPML / fruit platter meal) | 신선한 과일로만 구성된 식사로 미용 및 건강 기호식, 알레르기 체질용 |
| 연령 | 영아식<br>(IFML / infant meal) | 12개월 미만 영아의 식사로 액상 분유, 아기용 주스 |
| | 유아식<br>(BBML / baby meal) | 12~24개월 미만 유아의 식사로 이유식, 아기용 주스 |
| | 아동식<br>(CHML / child meal) | 만 2세 이상 12세 어린이에게 제공되는 식사로 김밥, 샌드위치, 짜장면, 오므라이스, 햄버거, 피자, 스파게티, 치킨너깃 중 선택 |
| 기타 용도 | 케이크<br>생일 케이크(MBML / SPMB)<br>허니문 케이크(MHMLI / SPMH) | 생일과 신혼 여행을 기념하기 위한 축하 케이크 제공 |

# 한국어 실무 표현

01. 손님, 특별식을 주문하셨습니까?

02. 확인을 위해서 탑승권을 보여주시겠습니까?

03. 제가 특별식을 주문했는데 확인해주시겠습니까?

04. 손님을 위한 채식이 준비되어 있습니다.

# 대화문

## 상황 1

**승　객**　실례합니다. 제가 특별식을 주문했는데 식사가 준비되었는지 궁금합니다. 저는 채식으로 주문을 했습니다.

**승무원**　네, 손님. 주문하신 특별식을 확인하기 위해서 성함을 알려주시겠습니까?

**승　객**　제 이름은 홍길동입니다.

**승무원**　감사합니다. 잠시만 기다려주십시오.
(……)
네. 손님을 위한 채식이 준비되어 있습니다.

**승　객**　아, 다행이네요. 감사합니다.

**승무원**　천만에요.

RUBEN M RAMOS / Shutterstock.com

# 대화문 표현 익히기

## ~되어 있습니다

동사 -아/어 + 있습니다.

1. 동사에 붙어 어떤 행위가 끝난 후 그 상태나 결과가 지속됨을 나타내는 표현이다.
2. 어미 '-아/-어'와 동사 '있다'가 함께 쓰인 표현이다.

**형태 정보**

| 어간 모음 | 형태 | 예시 |
|---|---|---|
| ㅏ/ㅗ | -아 있다 | 앉다: 앉- + -아 → 앉아 있다 |
| | | 돌아오다: 돌아오+아 → 돌아와 있다 |
| | | 가다: 가- + -아 → (가아) → 가 있다 |
| ㅏ/ㅗ 외 | -어 | 서다: 서- + -어 → (서어) → 서 있다 |
| | | 일어서다: 일어서- + -어 → (일어서) → 일어서 있다 |
| | | 들다: 들- + 어 → 들어 있다 |
| 하다 | -여 | 입원하다: 입원하- + -여 →(입원하여) → 입원해 있다 |

예 문

- 주문하신 채식이 준비되어 있습니다.
- 선반 속에 손님의 가방이 들어 있습니다.
- 자세한 사항은 이 책 속에 쓰여 있습니다.

## 주요 단어

- 특별식
- 채식
- 성함
- 신청하다
- 요청하다
- 준비하다
- 궁금하다
- 다행이다
- 알려주다

# 연습하기

※ 다음의 문장을 완성하시오.

## 1. 특별식 주문 확인 A(승무원)

승무원 ______________________________.

승 객 ______________________________.

승무원 ______________________________.

승 객 ______________________________.

승무원 ______________________________.

## 2. 특별식 주문 확인 B(승객)

승무원 ______________________________.

승 객 ______________________________.

승무원 ______________________________.

승 객 ______________________________.

## 3. 특별식에 대한 문의

승무원 ______________________________.

승 객 ______________________________.

승무원 ______________________________.

승 객 ______________________________.

# 항공객실 업무 지식

## 1. 특별식에 대해 설명하세요.

## 2. 특별식의 종류에 대해 설명하세요.

Brostock / Shutterstock.com

# 7 비행 시간 & 시차

Flight time & Time lag

## 한국어 실무 표현

01. 비행 시간이 얼마나 걸립니까?

02. 12시간 30분으로 예정하고 있습니다.

03. 서울과 도쿄는 시차가 있나요?

# 대화문

## 상황 1

**승 객** 실례합니다.
오늘 뉴욕까지 가는 데 비행 시간이 얼마나 걸립니까?

**승무원** 이륙 후 13시간 55분으로 예정하고 있습니다.

**승 객** 감사합니다.

**승무원** 즐거운 여행이 되시기 바랍니다.

## 상황 2

**승 객** 지금 뉴욕은 몇 시인가요?

**승무원** 서울은 뉴욕보다 14시간 앞섭니다.
그래서 뉴욕 현지 시각은 아침 6시 50분입니다.

**승 객** 감사합니다.

**승무원** 별말씀을요.

## 상황 3

**승 객** 서울과 도쿄는 시차가 있나요?

**승무원** 서울과 도쿄에는 시차가 없습니다.

**승 객** 감사합니다.

**승무원** 천만에요.

# 대화문 표현 익히기

## ~주시기 바랍니다

동사 -아/-어 + 주시기 바랍니다.

1. 정중한 명령이나 권유를 나타내는 표현이다.
2. 생각이나 바람대로 어떤 일이나 상태가 이루어지거나 '그렇게 되었으면 하고 생각하다'라는 의미를 나타낸다.
3. '~주시기 바랍니다' '~주십시오'의 완곡한 표현이다.

**형태 정보**

| 명령문 | 완곡한 표현 |
|---|---|
| 앉아주십시오. | 앉아주시기 바랍니다. |
| 기다리십시오. | 기다려주시기 바랍니다. |
| 좌석벨트를 매주십시오. | 좌석벨트를 매주시기 바랍니다. |
| 보여주십시오 | 보여주시기 바랍니다. |
| 설명하십시오. | 설명해주시기 바랍니다. |

**예 문**

- 탑승권을 보여주시기 바랍니다.
- 좌석에 앉아주시기 바랍니다.
- 짐은 선반 속에 넣어주시기 바랍니다.

## 주요 단어

- 시차
- 비행 시간
- 예정하다
- 걸리다
- 빠르다
- 앞서다
- 늦다
- 느리다

# 연습하기

※ 다음의 문장을 완성하시오.

## 1. 비행 시간과 비행 속도에 대해 묻는 상황

승 객 ______________________________.

승무원 ______________________________.

승 객 ______________________________.

승무원 ______________________________.

## 2. 시차에 대해 묻는 상황

승 객 ______________________________.

승무원 ______________________________.

승 객 ______________________________.

승무원 ______________________________.

## 3. IN / OUT BOUND 비행 시간 차이에 대해 묻는 상황

승 객 ______________________________.

승무원 ______________________________.

승 객 ______________________________.

승무원 ______________________________.

# 항공객실 업무 지식

1. 비행기의 순항 고도와 속도에 대해 설명하세요.

2. 항공노선에서 IN BOUND와 OUT BOUND가 비행 시간이 다른 이유를 설명하세요.

# 일등석 또는 비즈니스 클래스

First or Business Class

8

## 한국어 실무 표현

01. 비행 중에 필요하신 것이 있습니까?
02. 가방에서 꺼내실 물건이 있습니까?
03. 책과 안경을 꺼낼게요.
04. 가방을 코트룸에 보관해드리겠습니다.
05. 내리시기 전에 다시 가져오겠습니다.
06. 비행 중에 필요하신 것이 있으면 말씀해주시기 바랍니다.

# 대화문

상황 1

**승무원** 안녕하세요. 탑승을 환영합니다.

**승 객** 안녕하세요.

**승무원** 가방을 들어드릴까요?

**승 객** 네. 부탁드립니다. 감사합니다.

**승무원** 비행 중에 사용하실 것이 있습니까?

**승 객** 책과 안경을 꺼낼게요.

**승무원** 알겠습니다.
(……)
가방을 코트룸에 보관해드리겠습니다.
내리시기 전에 다시 가져오겠습니다.
비행 중에 필요하신 것이 있으면 저에게 말씀해주시기 바랍니다.

**승 객** 네. 감사합니다.

**승무원** 별말씀을요. 즐거운 비행이 되시기 바랍니다.

## 상황 2

**승무원** 안녕하십니까? 탑승을 환영합니다.
코트를 걸어드릴까요?

**승 객** 네. 부탁드립니다.

**승무원** 코트 속에 귀중품이 있습니까?

**승 객** 네. 있습니다.

**승무원** 귀중품은 손님께서 보관하시기 바랍니다.

**승 객** 네. 여권과 지갑을 꺼내겠습니다.

**승무원** 감사합니다. 착륙 전에 다시 가져오겠습니다.

**승 객** 감사합니다.

**승무원** 천만에요.

Agent Wolf / Shutterstock.com

## 대화문 표현 익히기

### ~고 있습니다

동사 -고 + 있습니다.

1. 어떤 동작이 진행 중이거나 계속되고 있음을 나타내는 표현이다.
2. 동사에 붙여 어미 '-고'와 동사 '있다'의 격식체 '있습니다'를 함께 쓴 표현이다.

**형태 정보**

용언의 어간에 '-고'를 붙인다.

예 문

- 비행 시간은 11시간 30분으로 예정하고 있습니다.
- 아침식사를 준비하고 있습니다.
- 면세품을 판매하고 있습니다.
- 화장실을 청소하고 있습니다.
- 입국서류를 배부하고 있습니다.

## 주요 단어

| | | | | |
|---|---|---|---|---|
| • 귀중품 | • 지갑 | • 여권 | • 안경 | • 들다 |
| • 코트룸 | • 보관하다 | • 꺼내다 | • 가져오다 | • 사용하다 |

# 연습하기

※ 다음의 문장을 완성하시오.

## 1. 좌석 안내 상황

승무원 ______________________________.

승 객 ______________________________.

승무원 ______________________________.

승 객 ______________________________.

승무원 ______________________________.

## 2. 짐 정리 상황

승무원 ______________________________.

승 객 ______________________________.

승무원 ______________________________.

승 객 ______________________________.

## 3. 귀중품 관리에 대한 안내

승무원 ______________________________.

승 객 ______________________________.

승무원 ______________________________.

승 객 ______________________________.

# 항공객실 업무 지식

1. 일등석과 비즈니스 클래스의 승객의 좌석 안내에 대해 설명하세요.

2. 일등석과 비즈니스 클래스의 승객의 짐 보관에 대해 설명하세요.

EQRoy/Shutterstock.com

# 9 이륙 준비
## Preparation for Take-off

### 한국어 실무 표현

01. 좌석벨트를 매주시기 바랍니다.
02. 의자를 수직으로 세워주시기 바랍니다.
03. 핸드폰을 꺼주시거나 비행기 모드로 해주시기 바랍니다.
04. 이륙할 때까지 테이블을 닫아주시기 바랍니다.
05. 잠시 후에 이륙합니다.
06. 창문 블라인드(커튼)를 올려주시겠습니까?
07. 이륙할 때까지 기다려주시겠습니까?
08. 이륙할 때까지 가방을 좌석 밑에 놓아주시기 바랍니다.
09. 그것은 항공 규정에 위배됩니다.
10. 좌석벨트 밖으로 아이를 안아주시겠습니까?
11. 그렇게 하시면 아이가 더 편안하고 안전합니다.

## 기내방송-이륙 준비

손님 여러분,
(도시명)까지 가는 ○○항공 _____편, / 잠시 후(약 _____분 후)에 출발하겠습니다.
갖고 계신 짐은 / 앞 좌석 아래나 선반 속에 보관해주시고,
지정된 좌석에 앉아/ 좌석벨트를 매주시기 바랍니다.
감사합니다.

## 기내방송-환영 인사

손님 여러분, 안녕하십니까?
이 비행기는 / (_____를 거쳐) (도시명)까지 가는 ○○항공 _____편입니다.
목적지인 _____공항까지의 비행 시간은 이륙 후 _____시간 _____분으로 예정하고 있습니다.
오늘 _____기장과 _____사무장, 그리고 _____명의 승무원이 /
여러분의 항공 여행을 안내해드리겠습니다.

출발을 위해 좌석벨트를 매주시고, 좌석 등받이와 테이블은 /
제자리로 해주시기 바랍니다.
화장실을 포함한 기내 전체에서는 금연이며 / 항공법에 따라 이륙과 착륙할 때는 /
모든 전자제품을 사용하실 수 없습니다.
○○항공과 함께 편안하고 즐거운 시간이 되시기 바랍니다.
감사합니다.

# 대화문

## 상황 1

| | |
|---|---|
| 승무원 | 실례합니다. 손님.<br>좌석벨트를 매주시겠습니까? |
| 승 객 | 네 |
| 승무원 | 감사합니다. |

## 상황 2

| | |
|---|---|
| 승무원 | 실례합니다. 좌석벨트를 매주시겠습니까? |
| 소아 승객 | 꼭 매야 하나요? |
| 승무원 | 네. 이륙하는 동안에는 좌석벨트를 매셔야만 합니다. |
| 소아 승객 | 네. 그런데 이 벨트가 너무 커요. |
| 승무원 | 좌석벨트 아래로 이 베개를 넣어드리겠습니다.<br>어때요? 괜찮죠? |
| 소아 승객 | 오, 훨씬 좋아요. 감사합니다. |
| 승무원 | 네. 즐거운 비행 되세요. |

## 상황 3

**승무원** 실례합니다.
아기를 좌석벨트 밖으로 안아주시겠습니까?

**승 객** 왜요?

**승무원** 그렇게 하는 것이 손님과 아기에게 더 편안하고 안전합니다.

## 상황 4

**승무원** 실례합니다.
의자를 똑바로(수직으로) 세워주시겠습니까?
식사 테이블도 닫아주시겠습니까?
이륙 준비를 하고 있습니다.

**승 객** 네.

**승무원** 감사합니다.

**상황 5**

**승무원** 실례합니다.
핸드폰은 끄시거나 비행기 모드로 해주시겠습니까?
이륙을 준비하고 있습니다.

**승 객** 전화 한 통만 더 할 수 있을까요?

**승무원** 죄송합니다. 손님 지금 바로 전화기를 끄셔야 합니다.
항공기의 안전을 위해서입니다.

**승 객** 알겠습니다.

**승무원** 협조해주셔서 감사합니다.

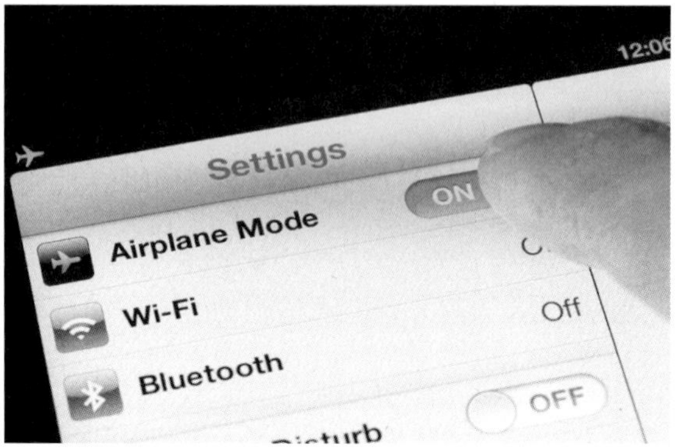


ymgerman / Shutterstock.com

## 상황 6

**승무원** 실례합니다. 비행기가 곧 이륙합니다.
이륙할 때까지 기다려주시겠습니까?

**승 객** 네.

**승무원** 협조해주셔서 감사합니다.
좌석벨트 사인이 꺼지면 화장실을 이용하실 수 있습니다.

## 상황 7

**승무원** 실례합니다.
이륙할 때까지 손님 앞 좌석 밑에 가방을 놓아
주시겠습니까?
창문 블라인드를 올려주시겠습니까?
(창문 커튼을 올려주시겠습니까?)

**승 객** 알겠습니다.

**승무원** 감사합니다.

# 대화문 표현 익히기

## ~고 있습니다

동사 ~고 + 있습니다.

1. 동사에 붙어 어떤 동작이 진행되고 있음을 나타내는 표현이다.
2. 어미 '−고'와 있다가 함께 쓰인 표현이다.
3. '이다'의 격식체 '입니다'가 쓰인 표현이다.

### 형태 정보

| 동사 | 예시 |
|---|---|
| 기다리다 | 기다리고 있습니다. |
| 준비하다 | 준비하고 있습니다. |
| 일하다 | 일하고 있습니다. |
| 읽다 | 읽고 있습니다. |

**예 문**

- 이륙 허가를 기다리고 있습니다.
- 식사 서비스를 준비하고 있습니다.
- 영화를 보고 있습니다.

## 주요 단어

| | | | | |
|---|---|---|---|---|
| • 창문 커튼 | • 앞 좌석 | • 밑에 | • 놓다 | • 비행 모드 |
| • 기다리다 | • 올리다 | • 끄다 | • 세우다 | • 협조하다 |

# 연습하기

※ 다음의 문장을 완성하시오.

## 1. 좌석벨트/좌석 등받이/식사 테이블 확인

승무원 ______________________________.

승 객 ______________________________.

승무원 ______________________________.

승 객 ______________________________.

승무원 ______________________________.

## 2. 유아 승객에게 큰 좌석벨트/승객에게 작은 좌석벨트

승무원 ______________________________.

승 객 ______________________________.

승무원 ______________________________.

승 객 ______________________________.

## 3. 이륙 준비 중에 핸드폰을 사용하는 승객

승무원 ______________________________.

승 객 ______________________________.

승무원 ______________________________.

승 객 ______________________________.

## 항공객실 업무 지식

1. 유아를 좌석벨트 밖으로 안아야 하는 이유에 대해 설명하세요.

2. 좌석벨트가 작아서 조이는 승객에 대한 상황 대처에 대해 설명하세요.

3. 이 · 착륙 시에 창문 커튼을 여는 이유와 좌석 등받이를 세우는 이유에 대해 설명하세요.

# 10 출발 지연
Late Departure

## 한국어 실무 표현

01. 손님 몇 분이 탑승하시기를 기다리고 있습니다.
02. 출발 서류가 도착하기를 기다리고 있습니다.
03. 우리 앞에 이륙을 기다리고 있는 비행기들이 많아서 출발이 지연되고 있습니다.
04. 공항에서 교통 체증이 있기 때문입니다.
05. 15분 뒤에 출발할 것으로 예상하고 있습니다.
06. 관제탑으로부터 출발 허가를 기다리고 있습니다.
07. 수하물이 실리는 것을 기다리고 있습니다.
08. 서류가 도착하는 대로 이륙할 것입니다.
09. 불편을 끼쳐드려 대단히 죄송합니다.

# 대화문

## 상황 1

승 객 왜 아직 이륙을 하지 않고 있습니까?

승무원 죄송합니다. 잠시 지연되고 있습니다.

승 객 왜요?

승무원 연결 비행편 손님의 탑승을 기다리고 있습니다.
그분들이 오시면 바로 이륙할 것입니다.
불편을 끼쳐드려서 죄송합니다.

## 상황 2

승 객 실례합니다.
왜 아직 출발을 하지 않나요?

승무원 죄송합니다. 관제탑으로부터 이륙 허가를
기다리고 있습니다.
5분 후에 이륙할 것으로 예상합니다.

승 객 네. 알겠습니다.

### 상황 3

**승 객** 왜 아직 움직이질 않고 있습니까?

**승무원** 출발 허가를 기다리고 있습니다.
곧 이륙할 것입니다.
불편을 끼쳐드려서 죄송합니다.

### 상황 4

**승 객** 실례합니다.
지연되는 이유가 무엇입니까?

**승무원** 죄송합니다. 우리 앞에 이륙을 기다리고 있는 다른 항공기들 때문에 지연되고 있습니다.

**승 객** 그러면 우리는 언제 출발하나요?

**승무원** 10분 뒤에 출발할 것으로 예상합니다.
불편을 끼쳐드려서 죄송합니다.

# 대화문 표현 익히기

## ~할 것입니다

동사 + -ㄹ 것입니다.

1. 어떤 상황이나 사실에 대한 전망이나 추측을 나타낸다.
2. 앞으로 어떤 행위를 하겠다는 강한 의지나 소신을 나타낸다.
3. '것이다'의 격식체 '것입니다'가 쓰인 표현이다.

### 형태 정보

| 동사 | 예시 |
|---|---|
| 출발하다 | 출발할 것입니다. |
| 이륙하다 | 이륙할 것입니다. |
| 보다 | 볼 것입니다. |
| 기다리다 | 기다릴 것입니다. |

**예 문**

- 잠시 후에 이륙할 것입니다.
- 통과 승객이 탑승하시면 출발할 것입니다.
- 이륙 후 바로 가져다드릴 것입니다.

## 주요 단어

- 출발
- 불편
- 끼치다
- 관제탑
- 이륙 허가
- 기다리다
- 지연되다
- 연결편

## 연습하기

※ 다음의 문장을 완성하시오.

### 1. 통과 여객으로 인한 지연

승 객 ______________________________.

승무원 ______________________________.

승 객 ______________________________.

승무원 ______________________________.

### 2. 이륙 허가로 인한 지연

승무원 ______________________________.

승 객 ______________________________.

승무원 ______________________________.

승 객 ______________________________.

### 3. 출국 서류를 기다리는 상황

승무원 ______________________________.

승 객 ______________________________.

승무원 ______________________________.

승 객 ______________________________.

## 항공객실 업무 지식

1. 항공기가 지연 출발하는 이유에 대해 설명하세요.

2. 항공기 지연 출발 시 승무원이 해야 할 일에 대해 설명하세요.

PART II

# 비행 중 서비스

## In-Flight Service

01. 타월 서비스(TOWEL SERVICE)
02. 음료 서비스(BEVERAGE SERVICE)
03. 기내식 서비스(MEAL SERVICE)
04. 비행 중 엔터테인먼트 (IN-FLIGHT ENTERTAINMENT)
05. 기내 면세품 판매(IN-FLIGHT SALES)
06. 기내 순회 및 점검 (WALKING AROUND & CABIN CHECK)

| 주요 업무 | 책임 및 역할 |
|---|---|
| 기내 음료 제공하기 | • 객실 서비스 규정에 따라 비알코올 음료(Cold Beverage, Hot Beverage)에 관한 정보를 승객에게 전달한다.<br>• 객실 서비스 규정에 따라 다양한 칵테일 제조에 필요한 술의 종류와 첨가 음료에 관한 정보를 숙지하여 제조한다.<br>• 객실 서비스 규정에 따라 다양한 와인에 관한 정보를 파악하여 서비스 및 회수한다. |
| 기내식 제공하기 | • 객실 서비스 규정에 따라 기내에서 제공되는 식사를 위한 세팅(Setting) 및 데우기(Heating) 등을 수행한다.<br>• 특별 서비스 요청서(SSR: Special Service Request)에 따라 특별식을 확인한 후 서비스 및 회수한다.<br>• 객실 서비스 규정에 따라 승객 선호를 확인하여 테이블 매너에 따른 기내식을 서비스 및 회수한다. |
| 기내 오락물 제공하기 | • 객실 서비스 규정에 따라 기내에서 제공되는 오락물 상영을 위한 기내 시설물과 기물을 사용한다.<br>• 객실 서비스 규정에 따라 비행 중 서비스되는 상영물에 관한 종류와 내용을 고객에게 전달한다.<br>• 객실 서비스 규정에 따라 조명 및 객실 상태를 점검하고 오락물을 제공한다. |
| 면세품 판매하기 | • 객실 서비스 규정에 따라 면세품 판매를 위한 기본적인 상품을 세팅하고 판매한다.<br>• 객실 서비스 규정에 따라 국가별 면세품 구매 한도에 관한 정보를 전달한다.<br>• 객실 서비스 규정에 따라 면세품 판매 전후 재고 파악 및 인수인계를 위한 서류를 정리한다. |
| 객실 상태 점검하기 | • 객실 서비스 규정에 따라 고객 서비스를 위해 객실 시설물을 수시로 점검하고 조치한다.<br>• 객실 서비스 규정에 따라 기내식 서비스 후 객실 통로 및 주변을 청결히 한다.<br>• 객실 서비스 규정에 따라 승객의 쾌적한 여행을 위해 객실 내 온도 및 조명을 관리한다. |

출처: NCS 홈페이지

## 기내방송-좌석벨트 표시등 꺼짐

승객 여러분.
좌석벨트 표시등이 꺼졌습니다만 / 기류 변화로 비행기가
갑자기 흔들릴 수 있으니 / 앉아 계실 때는 좌석벨트를 매고 계시기 바랍니다.
또한 화장실을 포함한 기내에서는 / 금연입니다.
아울러 머리 위 선반을 여실 때는 / 물건이 떨어져 주위 손님이 다칠 위험이 있으니 / 필요하실 경우에는 언제든지
저희 승무원의 도움을 받으시기 바랍니다.
감사합니다.

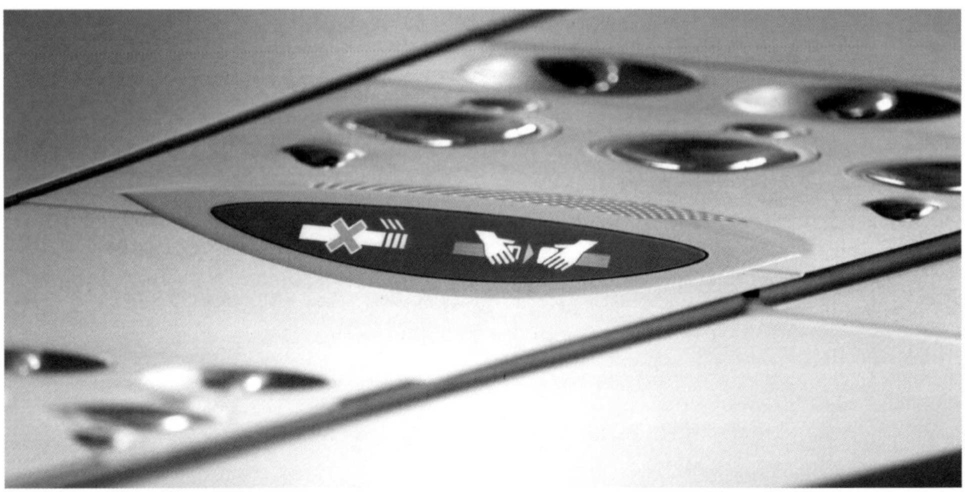
icosha / Shutterstock.com

# 타월 서비스

## Towel Service

# 1

**상황 1**

**승무원** 따뜻한 타월 쓰시겠습니까?

**승 객** 네, 부탁드립니다(주세요).

**승무원** 여기 있습니다.
조심하십시오. 뜨겁습니다.
(……)
타월 다 쓰셨습니까?
(타월 치워드릴까요?)
(타월 치워드리겠습니다.)

# 2 음료 서비스
## Beverage Service

### 한국어 실무 표현

01. 음료수 한 잔 드시겠습니까?
02. 와인 한 잔 드시겠습니까?(드릴까요?)
03. 마실 것을 좀 더 드시겠습니까?(드릴까요?)
04. 주스를 좀 더 드시겠습니까?(드릴까요?)
05. 식사 테이블을 열어주시겠습니까?
06. 실례합니다. 식사 테이블을 열어드리겠습니다.
07. 오렌지, 파인애플, 토마토 주스만 있습니다.
08. 커피를 어떻게 해드릴까요?(보드카, 위스키 등등)
    커피를 어떻게 드시나요?
09. 맥주 한 잔 더 드릴까요?
10. 어느 정도로 익혀드릴까요?
11. 어떤 주스를 드시겠습니까?(드릴까요?)
12. 음료에 얼음을 넣어드릴까요?

13. 어느 것으로 하시겠습니까?
    어떤 것으로 드시겠습니까?
14. 위스키에 얼음을 넣어 드시겠습니까?(드릴까요?)
15. 죄송합니다만 야채 주스는 서비스가 어렵습니다.
    죄송합니다만 야채 주스는 서비스되지 않습니다.
16. 맛있게 드십시오.(드세요.)
    시원하게 드십시오.(드세요.)
17. 실례합니다. 잠시 지나가겠습니다.
18. 물이나 다른 음료도 함께 드시겠습니까?[체이서(chaser)]
19. 잔을 치워도 되겠습니까?
20. 다 드셨다면 잔을 치워도 되겠습니까?
21. 치워도 되겠습니까?
    치워드릴까요?

## 대화문

**상황 1**

**승무원** 실례합니다. 손님.
저녁식사 전에 마실 것 좀 드시겠습니까?(드릴까요?)

**승 객** 네, 감사합니다. 어떤 종류의 음료가 있나요?

**승무원** 탄산음료, 주스, 위스키, 맥주가 있습니다.
어느(어떤) 것으로 하시겠습니까?

**승 객** 콜라 마시겠습니다(주세요).

**승무원** 네, 알겠습니다.
얼음을 좀 넣어드릴까요?

**승 객** 네, 부탁드립니다.

**승무원** 여기 있습니다. 시원하게 드십시오.

**승 객** 감사합니다.

## 상황 2

**승무원** 실례합니다. 손님.
식사 전에 마실 것 좀 드시겠습니까(드릴까요)?
주스, 탄산음료, 맥주, 위스키, 보드카가 있습니다.

**승 객** 어떤 종류의 주스가 있나요?

**승무원** 오렌지, 파인애플, 토마토, 구아바 주스가 있습니다.
어느 것이 좋으십니까(어느 것으로 하시겠습니까)?

**승 객** 구아바 주스 한 잔 마실 수 있을까요?

**승무원** 네, 손님, 잠시만 기다려주십시오.
(……)
실례합니다. 손님. 구아바 주스입니다.

**승 객** 감사합니다.

**승무원** 즐거운 시간 되세요.

**상황 3**

**승무원** 좋은 아침입니다. 손님.
마실 것 좀 드시겠습니까(드릴까요)?

**승 객** 네, 보드카가 있나요?

**승무원** 네, 손님.
보드카를 어떻게 드시겠습니까(드릴까요)?

**승 객** 블러디메리 한 잔 만들어주시겠어요?

**승무원** 네, 잠시만 기다려주십시오.
(……)
여기 음료 나왔습니다.
(여기 블러디메리 있습니다.)

**승 객** 정말 감사합니다.

**승무원** 천만에요(별말씀을요). 즐거운 시간 되십시오.

**상황 4**

| | |
|---|---|
| **승무원** | 실례합니다. 손님.<br>마실 것 좀 갖다 드릴까요? |
| **승 객** | 위스키가 가능한가요? |
| **승무원** | 네, 손님. 위스키를 어떻게 드시겠습니까?<br>(어떻게 해드릴까요?) |
| **승 객** | 얼음을 넣어주세요. |
| **승무원** | 네, 손님. 여기 얼음을 넣은 위스키가 나왔습니다. |
| **승 객** | 감사합니다. |
| **승무원** | 천만에요. 맛있게 드세요. |

SAPhotog/Shutterstock.com

**상황 5**

**승무원** 실례합니다. 손님.
식사 전에 마실 것 좀 드릴까요?

**승 객** 네. 사과 주스 한 잔 마실 수 있을까요?

**승무원** 죄송합니다만 기내에는 사과 주스가 없습니다.
대신 파인애플 주스는 어떠신가요?

**승 객** 좋습니다. 파인애플 주스 마실게요.

**승무원** 감사합니다. 손님, 여기 주스 있습니다.

**승 객** 감사합니다.

**승무원** 천만에요. 손님.

Sorbis/Shutterstock.com

### 상황 6

**승무원** 실례합니다. 손님.
마실 것 좀 드시겠습니까(드릴까요)?

**승 객** 진토닉을 마실 수 있을까요?

**승무원** 네, 손님. 잠시만 기다려주세요.
(……)
여기 음료 나왔습니다. 손님.

**승 객** 감사합니다.
(……)

**승무원** 음료는 어떻습니까(어떠세요)?

**승 객** 조금 강합(약합)니다.
토닉워터(진)를 좀 더 넣어주시겠어요?

**승무원** 알겠습니다. 손님.
(……)
어떻습니까?

**승 객** 아주 좋습니다.

**승무원** 네. 즐거운 시간 되십시오.

**상황 7**

**승무원** 실례합니다. 손님.
마실 것 좀 드시겠습니까(드릴까요)?

**승 객** 네. 블루하와이 마실 수 있나요?

**승무원** 죄송합니다만 어떻게 만드는지를 모릅니다.

**승 객** 럼주와 파인애플 주스로 만듭니다.

**승무원** 정말 죄송합니다만 기내에 럼주는 없습니다.
대신에 다른 것으로 마시겠습니까?

**승 객** 추천해주시겠습니까?

**승무원** 치치는 어떠신가요?
보드카와 파인애플로 만듭니다.

**승 객** 좋습니다. 그걸로 주세요.
(……)

**승무원** 여기 음료 나왔습니다. 손님.
음료와 함께 드실 스낵(땅콩)을 좀 드릴까요?

**승 객** 오, 네, 부탁드립니다.

**승무원** 여기 있습니다. 맛있게 드십시오.

**상황 8**

**승 객** 실례합니다.
맥주 한 잔 더 할 수 있을까요?

**승무원** 네 물론입니다. 잠시만 기다려주세요.
(……)
여기 맥주 있습니다.
맛있게 드십시오.

First Class Photography/Shutterstock.com

### 상황 9

**승　객**　실례합니다. 음료 한 잔 더 마실 수 있을까요?

**승무원**　네, 물론입니다.
스카치 워터를 마시고 계셨지요?

**승　객**　네. 맞습니다.

**승무원**　잠시만 기다려주십시오.
(……)

**승　객**　여기 스카치 워터입니다.
빈 잔은 제가 치워드리겠습니다. 맛있게 드세요.

### 상황 10

**승무원**　실례합니다. 손님. 음료 다 드셨습니까?

**승　객**　네, 그렇습니다.

**승무원**　잔을 치워드리겠습니다. 감사합니다.

### 상황 11

**승무원** 실례합니다. 손님. 음료 다 드셨습니까?

**승 객** 아직요.

(케이스 1)

**승무원** 죄송합니다. 손님. 천천히 드세요.

(케이스 2)

**승무원** 실례합니다.
음료 한 잔 더 드시겠습니까.

**승 객** 네. 좋습니다(좋아요).

**승무원** 어떤 걸로 드시겠습니까(드릴까요)?

**승 객** 스크루드라이버 한 잔 더 주세요.

**승무원** 잠시만 기다려주십시오(잠시만요).
(……)
여기 스크루드라이버입니다.
맛있게 드세요.

**상황 12**

| | |
|---|---|
| **승무원** | 실례합니다. 손님.<br>음료 다 드셨습니까? 컵을 가져가도 될까요? |
| **승 객** | 네, 부탁드립니다. |
| **승무원** | 감사합니다. |

Dmitry Birin/Shutterstock.com

## 상황 13

**승무원** 정말 죄송합니다. 손님.
제가 닦을 것을 가져오겠습니다.
(……)
제가 치우는 것을 도와드리겠습니다.
(제가 치워드리겠습니다.)

**승 객** 괜찮습니다. 제가 하겠습니다.

**승무원** 손님. 음료수를 다시 가져다 드리겠습니다.
(……)
음료 나왔습니다.
(……)
(……)

**승무원** (얼룩의 정도가 심한 경우)
실례합니다. 손님. 여기 세탁 쿠폰이 있습니다.
저희 항공사 사무실로 이 쿠폰을 가지고 가시면
세탁비를 변상해드립니다.
정말 죄송합니다. 손님.

# 대화문 표현 익히기

## ~겠습니까? / ~겠습니다.

동사 + 겠습니까? / 겠습니다.

1. 의문문에서 동사에 붙어 상대방의 의향을 물어볼 때 쓴다.
2. 말하는 사람이 무엇을 한다거나 할 것이라는 의도나 의지를 나타낸다.
3. 곧 어떠한 일이 일어날 것임을 나타낸다.

### 형태 정보

| 동사 | 예시 |
| --- | --- |
| 드리다 | 드리겠습니다. |
| 하다 | 하겠습니다. |
| 드시다 | 드시겠습니까? |
| 주다 | 주시겠습니까? |

예 문

- 음료수 잔을 치워드리겠습니다.
- 테이블을 열어드리겠습니다.
- 탑승권을 보여주시겠습니까?
- 좌석에 앉아주시겠습니까?

## 주요 단어

- 세탁 쿠폰
- 변상하다
- 얼음
- 탄산음료
- 보드카
- 스크루드라이버

# 연습하기

※ 다음의 문장을 완성하시오.

## 1. 음료 서비스

승무원 ______________________________.

승　객 ______________________________.

승무원 ______________________________.

승　객 ______________________________.

승무원 ______________________________.

## 2. 탄산음료를 원하는 승객

승무원 ______________________________.

승　객 ______________________________.

승무원 ______________________________.

승　객 ______________________________.

## 3. 칵테일을 원하는 승객

승무원 ______________________________.

승　객 ______________________________.

승무원 ______________________________.

승　객 ______________________________.

# 항공객실 업무 지식

**1. 기내에서 제공되는 음료의 종류에 대해 설명하세요.**

**2. 기내에서 제공되는 술의 종류에 대해 설명하세요.**

Sorbis/Shutterstock.com

# 3 기내식 서비스
Meal Service

## 한국어 실무 표현

01. 잠시 후에 저녁식사가 서비스됩니다.
02. 아침식사를 드시겠습니까?
03. 식사 테이블을 열어주시겠습니까?
04. 식사 테이블을 지금 준비해드려도 되겠습니까?
05. 뒤의 승객을 위해 좌석 등받이를 세워주시겠습니까?
06. 소고기 안심스테이크와 탕수어 요리가 있습니다.
    어느 것으로 드시겠습니까?
07. 비빔밥과 생선요리 중에 어느 것으로 드시겠습니까?
08. 생선요리가 다 떨어졌습니다. 소고기는 어떠신가요?
09. 지금 손님의 식사를 데우고(조리하고) 있습니다.
    잠시만 기다려주시기 바랍니다.
    약 5분 정도만 기다려주시기 바랍니다.
10. 식사와 함께 음료수 한 잔 드시겠습니까?

11. 여기 미역국입니다. 많이 뜨겁습니다.
조심하시기 바랍니다(조심하세요).

12. 여기 고추장과 참기름이 있습니다.

13. 와인 (한 잔) 드시겠습니까?

14. 레드와인과 화이트와인이 있습니다.

15. 식사 맛있게 드시기 바랍니다.

16. 커피 드시겠습니까?

17. 커피 잔을 쟁반 위에 놓아주시겠습니까?

18. 크림이나 설탕이 필요하십니까?

19. 차를 드시겠습니까?

20. 녹차와 블랙티가 있습니다.

21. 차에 레몬을 같이 드릴까요?

22. 다른 승무원이 커피를 곧 드릴 것입니다.

23. 더 필요한 것이 있으십니까(있으신가요)?

24. 식사 맛있게 드셨습니까?

25. 식사 트레이를 치워도 될까요?
식사 트레이를 치워드릴까요?

26. 식사 트레이를 치워주시면 좋겠습니다.

# 대화문

**상황 1**

| | |
|---|---|
| **승무원** | 실례합니다. 손님.<br>소갈비와 탕수어 요리가 있습니다.<br>어느 것으로 드시겠습니까? |
| **승 객** | 저는 소갈비로 주시면 좋겠습니다. |
| **승무원** | 네, 여기 있습니다.<br>음료수도 한 잔 드시겠습니까? |
| **승 객** | 네, 레드와인 한 잔 주시겠어요? |
| **승무원** | 물론입니다. 여기 레드와인입니다.<br>식사 맛있게 드십시오. |

**상황 2**

**승무원** 실례합니다. 손님. 식사 서비스를 하고 있습니다.
테이블을 열어주시겠습니까?

**승 객** 네, 그럼요.

**승무원** 감사합니다.
오늘은 비빔밥과 볶음밥을 곁들인 닭고기 요리가 있습니다.
어떤 걸로 드릴까요?

**승 객** 비빔밥으로 주시겠어요?

**승무원** 네, 여기 있습니다.

**승 객** 감사합니다.

**승무원** 맛있게 드십시오.

©Getty Images Bank

## 상황 3

**승무원** 실례합니다. 손님.
점심식사를 드리고 있습니다.

**승 객** 뭐가 있나요?

**승무원** 밥을 곁들인 생선 요리입니다.

**승 객** 아! 저는 해산물 알레르기가 있는데요.
다른 것은 없나요?

**승무원** 죄송합니다. 손님.
이 구간에서는 생선 요리 한 가지만 서비스됩니다.
혹시 다른 것이 있는지 확인해보겠습니다.
잠시만 기다려주시기 바랍니다.

**승 객** 감사합니다.

**승무원** 천만에요.
(……)
손님, 저희에게 야채 샐러드와 빵이 있습니다.
생선 요리 대신 샐러드와 빵을 드시겠습니까?

**승 객** 네, 그거면 좋겠습니다. 감사합니다.

**승무원** 여기 있습니다.
다른 필요한 것이 있으시면 언제든지 말씀해
주시기 바랍니다. 감사합니다.

## 상황 4

**승무원** 실례합니다. 손님.
저녁식사 드시겠습니까?
비빔밥과 브로콜리를 곁들인 소고기 요리가 있습니다.

**승 객** 비빔밥 주세요.
어떻게 먹는지 알려주시겠어요?

**승무원** 물론입니다.
참기름과 고추장을 넣고 잘 섞어서 드시면 됩니다.
매운 음식을 못 드시면 고추장을 빼고 드셔도 됩니다.

**승 객** 아, 걱정 마세요. 저 매운 음식 좋아합니다.

**승무원** 맛있게 드십시오.

**상황 5**

**승 객** 실례합니다. 저는 생선으로 주세요.

**승무원** 죄송합니다, 손님.
생선이 지금 다 떨어졌습니다.
(소고기는 어떠신가요?)
(지금 소고기만 남았습니다.)
소고기는 괜찮으신가요?

**승 객** 좋아요. 소고기 주세요.

**승무원** 여기 있습니다.
와인 한 잔 드시겠습니까?

### 상황 6

**승무원** 실례합니다. 손님.
소고기와 닭고기가 있습니다.
어느 것으로 드시겠습니까?

**승 객** 지금 배고프지 않아요.
나중에 식사하면 좋겠습니다. 괜찮을까요?

**승무원** 물론입니다. 손님.
식사하고 싶으실 때 알려주시기 바랍니다.

**승 객** 감사합니다.

**승무원** 천만에요.

### 상황 7

**승무원** 실례합니다. 손님. 오늘은 소고기와
생선 요리입니다. 어떤 것으로 드시겠습니까?

**승 객** 사실 지금은 그렇게 배가 고프지가 않아서요.
조금 있다가 식사해도 될까요?

**승무원** 죄송합니다. 손님.
한 시간 후에 착륙할 예정입니다. 그래서 식사를 준비해드릴
시간이 충분하지 않을 것입니다.

**승 객** 괜찮습니다.

**승무원** 음료수 좀 드시겠습니까?

**승 객** 고맙습니다만, 괜찮습니다.

**승무원** 손님 다른 필요하신 것이 있으면 알려주십시오.

## 상황 8

**승무원** 실례합니다. 손님. 홍길동 손님 맞으십니까?

**승 객** 네, 저입니다.

**승무원** 채식을 주문하셨습니까?

**승 객** 네, 제가 주문하였습니다.

**승무원** 여기 손님 식사가 있습니다.
맛있게 드십시오.

Asia Images/Shutterstock.com

**상황 9**

**승무원** 실례합니다. 손님. 유대교식(kosher meal)을 주문하셨습니까?

**승 객** 네, 그렇습니다.

**승무원** 주문하신 유대교식입니다.
직접 열어보시겠습니까?

**승 객** 네, 제가 하겠습니다.

**승무원** 감사합니다.
(……)
이것을 좀 데워드릴까요?

**승 객** 네, 부탁드립니다.

**승무원** 기다려주셔서 감사합니다. 손님.
여기 있습니다. 즐거운 식사가 되시길 바랍니다.

**상황 10**

**승 객** 실례합니다.
제가 예약할 때 당뇨병 환자식을 요청했습니다.

**승무원** 죄송합니다. 손님.
성함 좀 알 수 있을까요?

**승 객** 제 이름은 김수지입니다.

**승무원** 바로 제가 확인해보겠습니다.

(케이스 1)

기다리게 해서 죄송합니다.
지금 손님의 식사를 데우고 있습니다.
몇 분(15분) 뒤에 준비될 것입니다.
(……)
여기 식사 나왔습니다.
다른 필요하신 것이 있습니까?

**승 객** 감사합니다. 다이어트 콜라를 마실 수 있을까요?

**승무원** 물론입니다.

**상황 10**

(케이스 2)

**승무원** 정말 죄송합니다. 손님. 실수가 있었습니다.
손님의 다이어트 환자용식이 서울에서 실리지 않았습니다.
무엇을 좋아하시는지 저에게 말씀해주시겠습니까?
준비하도록 최선을 다하겠습니다.

**승 객** 그러면 드레싱 없는 샐러드를 먹을 수 있을까요?

**승무원** 물론입니다. 손님. 바로 준비하겠습니다.
(……)
여기 샐러드 나왔습니다. 손님.
다시 한 번 죄송합니다.
필요하신 것이 있으면 말씀해주십시오.

**상황 11**

**승 객** 실례합니다.
채식으로 먹을 수 있을까요?

**승무원** 예약하셨을 때 채식으로 요청하셨나요?

**승 객** 아뇨, 그렇게 하지 않았습니다.

**승무원** 죄송합니다만 특별식에 대해서는 미리 주문해
주셔야 합니다.
기내에는 채식주의 식사가 없습니다만 손님을
위해서 약간의 샐러드를 제공해드릴 수 있습니다.
그렇게 해도 되겠습니까?

**승 객** 그거 괜찮네요. 감사합니다.

**승무원** 별말씀을요.

**상황 12**

**승 객** 실례합니다.
제 식사가 충분히 따뜻하지 않은 것 같습니다.

**승무원** 죄송합니다. 손님.
바로 그것을 데워드리겠습니다.
(……)
기다려주셔서 감사합니다.
여기 식사 나왔습니다.
불편을 끼쳐드려서 죄송합니다.
맛있게 드시기 바랍니다.

**상황 13**

**승무원** 커피 좀 드시겠습니까?

**승 객** 네, 부탁드립니다.

**승무원** 쟁반 위에 손님의 컵을 좀 올려주시겠습니까?
(……)
감사합니다.
여기 커피 나왔습니다. 손님.
조심하세요. 매우 뜨겁습니다.
커피에 크림이나 설탕을 넣으십니까?

**승 객** 아뇨, 괜찮습니다.

**승무원** 맛있게 드세요.

Bignai/Shutterstock.com

## 상황 14

| | |
|---|---|
| **승무원** | 커피 좀 드시겠습니까? |
| **승 객** | 커피를 마시고 싶은데 잠을 잘 수 없을까<br>걱정입니다. |
| **승무원** | 카페인 없는 커피는 어떠신가요?<br>산카가 있습니다. |
| **승 객** | 그거 좋습니다. 그걸로 주세요. |
| **승무원** | 잠시만 기다려주십시오.<br>바로 가져다 드리겠습니다.<br>(……)<br>기다려주셔서 감사합니다.<br>여기 무카페인 커피가 나왔습니다. |
| **승 객** | 정말 감사합니다. |
| **승무원** | 별말씀을요. |

## 상황 15

**승무원 1** 커피 드시겠습니까?

**승 객** 차가 있습니까?

**승무원 1** 네, 있습니다. 다른 승무원이 차를 제공해드릴 것입니다.

**승 객** 네, 알겠습니다.
(……)

**승무원 2** 차를 좀 드시겠습니까?

**승 객** 네, 부탁드립니다.

**승무원 2** 컵을 좀 가져가도 될까요?
(……)
여기 차가 나왔습니다.
조심하십시오. 많이 뜨겁습니다.
차에 레몬을 넣어드릴까요?

**승 객** 네, 부탁드립니다.

**승무원 2** 여기 레몬이 있습니다.
맛있게 드세요, 손님.

**상황 16**

**승무원** 실례합니다. 손님.
식사 즐겁게 하셨습니까?

**승 객** 네, 정말 좋았습니다.

**승무원** 감사합니다.
식사 트레이를 가져가도 될까요?
(식사 트레이를 치워드릴까요?)

**승 객** 네, 부탁드립니다.

**승무원** 감사합니다.

RUBEN M RAMOS/Shutterstock.com

# 대화문 표현 익히기

## ~으면 좋겠습니다.

동사 -(으)면 + 좋겠다.

1. 말하는 사람의 소망이나 바람을 나타내는 표현이다
2. 어미 '으면'과 형용사 '좋다'가 함께 쓰인 표현이다.
3. '좋겠습니다'는 '좋겠다'의 격식체로 듣는 사람이 높임의 대상일 때 사용한다.

### 형태 정보

| 형태 | 받침 유무 | 예시 |
|---|---|---|
| -으면 좋겠다 | 'ㄹ' 제외한 받침 ○ | 먹다: 먹- + -으면 → 먹으면 좋겠다 |
| | | 많다: 많- + -으면 → 많으면 좋겠다 |
| -면 좋겠다 | 'ㄹ' 받침이거나 받침 × | 가늘다: 가늘- + -면 → 가늘면 좋겠다 |
| | | 쉬다: 쉬- + -면 → 쉬면 좋겠다 |
| | | 크다: 크- + -면 → 크면 좋겠다 |

**예 문**

- 아침식사를 드시면 좋겠습니다.
- 좌석 등받이를 세워주시면 좋겠습니다.
- 식사 트레이를 치워주시면 좋겠습니다.
- 다시 한 번 확인해주시면 좋겠습니다.

## 주요 단어

- 실리다
- 데우다
- 충분하다
- 곁들이다
- 유대교식
- 당뇨 환자식
- 고추장
- 제공하다

# 연습하기

※ 다음의 문장을 완성하시오.

## 1. 식사 서비스

승무원 ____________________.

승 객 ____________________.

승무원 ____________________.

승 객 ____________________.

승무원 ____________________.

## 2. 특별식 주문 승객

승무원 ____________________.

승 객 ____________________.

승무원 ____________________.

승 객 ____________________.

## 3. 커피와 차 서비스

승무원 ____________________.

승 객 ____________________.

승무원 ____________________.

승 객 ____________________.

## 항공객실 업무 지식

1. 항공사에서 제공하는 기내식의 종류에 대해 설명하세요.

2. 유대교식(KOSHER MEAL)의 서비스 방법에 대해 설명하세요.

# 비행 중 엔터테인먼트 4
In-Flight Entertainment

## 한국어 실무 표현

01. 이 잡지가 기내 엔터테인먼트에 대한 자세한 정보를 제공합니다.

02. 제가 확인해드릴까요?

03. 그 영화들은 기내 잡지에 실려 있습니다.

04. 화면에 문제가 있는 것 같습니다.

05. 음향 시설이 고장 난 것 같습니다.

06. 이 좌석의 음향 시설이 고장입니다.

07. 옆 자리로 옮기시겠습니까?

08. 빈자리가 있는지 확인해보겠습니다.

09. 확인한 후 알려드리겠습니다.

10. 불편을 끼쳐드려서 죄송합니다.

11. 창문 블라인드를 좀 닫아주시겠습니까?

12. 손님 좌석에서 핸드폰을 재충전하실 수 있습니다.

13. 좌석 밑에 충전을 위한 시트 전원 공급 장치가 있습니다.

# 대화문

**상황 1**

**승무원** 실례합니다. 손님.
창의 블라인드를 닫아주시겠습니까?
창의 블라인드가 열려 있으면 화면을 보기가 어렵습니다.

**승 객** 알겠습니다.

**승무원** 감사합니다.

**승 객** 천만에요.

**상황 2**

**승 객** 실례합니다.
다른 이어폰을 쓸 수 있을까요?
작동을 하는 것 같지가 않습니다.

**승무원** 정말 죄송합니다. 손님.
바로 새 이어폰을 가져오겠습니다.
여기 있습니다. 한번 해보시겠습니까?
(……)
작동이 되나요?

**승 객** 아뇨. 아무것도 들을 수가 없습니다.

### 상황 3

**승무원** 정말 죄송합니다만 이 좌석의 음향 시설이 고장입니다.
다른 비어 있는 좌석을 확인해보겠습니다.
(……)
기다려주셔서 감사합니다. 손님.
객실 앞에 빈 좌석이 있습니다.
그 좌석으로 옮기시겠습니까?

**승 객** 좋습니다.

**승무원** 저를 따라오세요. 제가 안내해드리겠습니다.
불편을 끼쳐드려서 정말 죄송합니다.
즐거운 영화 관람이 되시기 바랍니다.

**상황 4**

**승 객** 실례합니다.
영화를 보고 싶은데 이 패널을 어떻게 해야
하는지 말씀해주시겠습니까?

**승무원** 물론입니다. 손님.
헤드폰은 꽂으셨습니까?

**승 객** 네.

**승무원** 좋습니다. 그러면 영화를 선택하기 위해 이 버튼을
누르시거나 그냥 여기 스크린을 터치하실 수 있습니다.
그리고 이 두 버튼을 눌러서 볼륨을 높이거나
낮출 수 있습니다.

**승 객** 오. 간단하네요.

**승무원** 네. 그렇게 어렵지 않습니다.
좌석 포켓에 있는 잡지를 참고하시면 됩니다.
어떻게 컨트롤 패널을 작동하는지 보여줍니다.

**승 객** 정말 감사합니다.

**승무원** 아닙니다. 즐거운 관람 되세요.

Sorbis/Shutterstock.com

# 대화문 표현 익히기

## ~거나 ~을 수 있습니다.

동사/형용사 ~거나 동사/형용사 ~을 수 있습니다.

1. '~거나'는 둘 이상의 경우 중에서 하나를 선택함을 나타내는 표현이다.
2. '~을 수 있습니다'는 다른 방법이나 가능성이 있음을 나타내는 표현이다.

### 형태 정보

| 동사/형용사 | ~거나 ~을 수 있습니다 |
|---|---|
| 작다 / 크다 | 작거나 클 수 있습니다 |
| 높다 / 낮다 | 높거나 낮을 수 있습니다 |
| 올라가다 / 내려오다 | 올라가거나 내려올 수 있습니다 |

**예 문**

- 예문 버튼을 누르시거나 스크린을 터치하실 수 있습니다.
- 볼륨을 높이시거나 낮추실 수 있습니다.

## 주요 단어

| | | | |
|---|---|---|---|
| • 작동하다 | • 확인하다 | • 충전하다 | • 옮기다 |
| • 음향 시설 | • 꽂다 | • 고장 | • 누르다 |

# 연습하기

※ 다음의 문장을 완성하시오.

## 1. 영화 선택 방법

승 객 ______________________.

승무원 ______________________.

승 객 ______________________.

승무원 ______________________.

## 2. 음향 시설 고장

승 객 ______________________.

승무원 ______________________.

승 객 ______________________.

승무원 ______________________.

## 3. 헤드폰 불량

승 객 ______________________.

승무원 ______________________.

승 객 ______________________.

승무원 ______________________.

# 항공객실 업무 지식

1. 승객 좌석에 있는 AV 시스템에 대해 설명하세요.

2. 승객 좌석에서 음향 시스템이 작동하지 않을 때 조치 방법에 대해 설명하세요.

Sorbis/Shutterstock.com

# 5 기내 면세품 판매

In-Flight Sales

## 한국어 실무 표현

01. 기내 면세품을 구입하시겠습니까?

02. 기내 면세품을 판매하고 있습니다.

03. 이 안내서에 자세한 사항들이 적혀 있습니다.

04. 이 잡지에는 판매 물품 목록이 있습니다.

05. 로얄 살루트가 다 떨어졌어요.

06. 죄송하지만 발레타인 17년산이 다 팔렸습니다.

07. 전부 235달러입니다.

08. 총액은 102달러입니다.

09. 거스름돈 17달러입니다.

10. 객실 내의 환율은 달러당 1,200원입니다.

11. 한 병만 면세로 허용됩니다.

12. 잔돈이 생길 때까지 기다려주시겠습니까?

13. 죄송하지만 캐나다달러는 받지 않습니다.

14. 수표 뒷면에 이름과 여권 번호를 적어주시겠습니까?

15. 여기 비밀번호를 적어주시겠습니까?

16. 현금이나 카드로 지불하실 수 있습니다.

17. 죄송하지만 객실 내에서 직불카드는 받지 않습니다.

18. 이것 대신 다른 화폐는 없습니까?

19. 거스름돈을 곧 가져오겠습니다.

20. 운송 공항 규정에 따라 100리터 이상의 액체 품목은 허용되지 않습니다. 다음 비행 구간에서 면세품을 구입하시는 것은 어떻습니까?

21. 투명 봉투에 영수증과 함께 100리터 이상의 액체를 넣어드리겠습니다. 연결 항공편에 도착할 때까지 그것을 열지 마십시오.

22. 돌아오는 비행기에서 면세품을 미리 주문하실 수 있습니다.

23. 천천히 보시고 결정하시면 알려주세요.

24. 기내 면세품이 다른 면세점보다 더 싼지 잘 모르겠어요.

25. 죄송합니다만, 좌석벨트를 매라는 표시가 켜져서 기내 판매를 중단해야 합니다.

26. 착륙을 위해 모든 객실을 이미 밀폐하고 잠가놓았기 때문에 더 이상 판매할 수 없습니다.
곧 착륙할 것입니다.

27. 착륙 준비를 해야 하므로 더 이상 판매할 수 없습니다.
양해해주셔서 감사합니다.

### 기내방송-기내 면세품 판매

손님 여러분.
○○항공에서는 손님 여러분의 편리한 쇼핑을 위해 / 다양한 면세품들을 판매하고 있습니다.
구입을 원하시는 분은 / 판매 카트가 지나갈 때 말씀해주시기 바랍니다.
물품에 관한 자세한 사항은 / 기내지 'Duty Free'를 / 참고하시기 바랍니다.
감사합니다.

©Getty Images Bank

# 대화문

## 상황 1

**승무원** 면세 물품을 구매하시겠습니까?

**승 객** 어떤 종류의 화장품이 있나요?

**승무원** 기초 화장품과 색조 화장품이 있습니다.
기내 잡지를 통해 자세한 정보를 더 알아보실 수 있습니다.

**승 객** 감사합니다.

**승무원** 문제없습니다. 사고 싶으신 게 있으면 알려주십시오.

## 상황 2

**승무원** 면세품을 주문하시겠어요?

**승 객** 뭐가 있습니까?

**승무원** 이 브로슈어에 면세품에 대한 모든 정보가 들어 있습니다.
천천히 보시고 결정하시면 알려주십시오.

**승 객** 알겠습니다.

tchaphol/Shutterstock.com

**상황 3**

**승 객** 실례합니다.
조니워커 블루 두 병을 사고 싶습니다.

**승무원** 물론입니다. 전부 ○○○달러입니다.

**승 객** 캐나다달러도 받습니까?

**승무원** 죄송합니다만 캐나다달러는 받지 않습니다.

**승 객** 네, 그러면 신용카드로 결제하겠습니다.

**승무원** 감사합니다. 손님.

### 상황 4

**승무원** 실례합니다. 손님.
여기 주문하신 클로에 오드트왈렛(Chloé eau de toilette) 1개와 디오르 스노 유브이 실드(Dior snow UV shield) 2개입니다.
주문하신 것이 맞습니까?

**승 객** 네, 맞아요. 미국달러로 지불하겠습니다.
얼마입니까?

**승무원** 총액은 198달러입니다.

**승 객** 여기 200달러입니다.

**승무원** 감사합니다. 손님.
거스름돈 2달러입니다

**상황 5**

**승 객** 로얄 살루트 두 병 주세요.

**승무원** 알겠습니다. 손님
손님 자리가 어디인가요?

**승 객** 31A. 31A입니다.

**승무원** 손님, 자리로 돌아가주시겠습니까?
(손님, 자리에서 기다려주시겠습니까?)

**승 객** 네.
(……)

**승무원** 주문하신 로얄 살루트 두 병입니다.
가격은 두 병에 120달러입니다.

**승 객** 카드로 계산하겠습니다.

**승무원** 네, 감사합니다.

**상황 6**

| | |
|---|---|
| **승무원** | 여기 주문하신 초콜릿과 조니워커 블루가 있습니다. |
| **승 객** | 아, 감사합니다. 얼마입니까? |
| **승무원** | 전부 해서 199달러입니다. |
| **승 객** | 여행자수표를 이용할 수 있습니까? |
| **승무원** | 네, 가능합니다. |
| **승 객** | 여기 있습니다. |
| **승무원** | 감사합니다.<br>여기에 서명해주시고, 이름과 여권 번호를<br>수표 뒤에 적어주시겠어요? |
| **승 객** | 좋습니다. |
| **승무원** | 감사합니다. 여기 잔돈 1달러입니다. |

### 상황 7

**승 객** 실례합니다.
고디바 초콜릿 세 박스를 사고 싶습니다.

**승무원** 죄송합니다만 손님, 고디바 초콜릿이 오늘 다 떨어졌습니다.
대신에 다른 것은 어떻습니까?
린드 초콜릿이 있습니다.

**승 객** 네, 그러면 린디 초콜릿을 사겠습니다.

**승무원** 여기 초콜릿이 있습니다.
모두 다 해서 108달러입니다.

**승 객** 신용카드로 지불하겠습니다.

**승무원** 네, 감사합니다.

### 상황 8

**승무원** 실례합니다. 손님.
지금 당장은 잔돈이 충분치가 않습니다.
잔돈이 생길 때까지 기다리실 수 있으신가요?
시간이 많이 걸리지는 않을 겁니다.

**승 객** 네, 잊지만 말아주세요.

**승무원** 물론입니다, 손님. 이해해주셔서 감사합니다.

## 상황 9

**승 객** 현금영수증 주실 수 있나요?

**승무원** 죄송합니다만, 관계 법령으로 인해 비행기 내에서 현금영수증 발행이 어렵습니다.

**승 객** 아, 정말인가요? 그러면 카드로 지불하겠습니다.

**승무원** 네, 감사합니다.

Sorbis/Shutterstock.com

**상황 10**

**승 객** 면세 상품으로 무슨 종류의 아이템을 팝니까?

**승무원** 비행기 카탈로그에서 모든 상품 리스트를 보실 수 있습니다.

**승 객** 좋습니다. 술을 좀 사고 싶은데요.

**승무원** 많은 종류의 술이 있습니다.
천천히 카탈로그를 보시고 결정하시면 됩니다.

**승 객** 몇 병이나 한국에 가지고 갈 수 있을까요?

**승무원** 한 병까지 가지고 가는 것이 허락됩니다.

**승 객** 감사합니다.
타이 돈으로 지불 가능한가요?

**승무원** 죄송합니다만 타이 돈은 받지 않습니다.
다른 통화를 가지고 계신가요?

**승 객** 일본 엔이 있습니다. 그것은 괜찮을까요?

**승무원** 네, 괜찮습니다. 손님. 감사합니다.

# 대화문 표현 익히기

## ~지 않습니다.

동사/형용사 + ~지 않습니다.

**1.** 어떤 행위나 상태를 부정하거나 금지함을 나타낸다.

**2.** '않다, 못하다, 말다' 등의 동사나 형용사 앞에 쓰인다.

### 형태 정보

| 동사/형용사 | ~지 않습니나. |
|---|---|
| 먹다 | 먹지 않습니다. |
| 피곤하다 | 피곤하지 않습니다. |
| 옳다 | 옳지 않습니다. |

**예 문**

- 타이 돈은 받지 않습니다.
- 술은 두 병 이상 허락되지 않습니다.
- 현금영수증이 발행되지 않습니다.

## 주요 단어

| | | | | |
|---|---|---|---|---|
| • 면세품 | • 여행자수표 | • 신용카드 | • 거스름돈 | • 잔돈 |
| • 결정하다 | • 계산하다 | • 지불하다 | • 발행하다 | • 허락되다 |

# 연습하기

※ 다음의 문장을 완성하시오.

## 1. 주류 구입 승객

승무원 ________________________________________.

승 객 ________________________________________.

승무원 ________________________________________.

승 객 ________________________________________.

승무원 ________________________________________.

## 2. 캐나다달러로 결재하기 원하는 승객

승무원 ________________________________________.

승 객 ________________________________________.

승무원 ________________________________________.

승 객 ________________________________________.

## 3. 여행자수표 사용 승객

승무원 ________________________________________.

승 객 ________________________________________.

승무원 ________________________________________.

승 객 ________________________________________.

# 항공객실 업무 지식

1. 기내 면세품 판매에서 통용되는 화폐에 대해 설명하세요.

2. 한국 입국 시 면세 허용량에 대해 설명하세요.

# 기내 순회 및 점검 6
## Walking Around & Cabin Check

## 한국어 실무 표현

01. 뭐 필요하신 것이 있나요?

02. 호출 버튼을 꺼드릴까요?

03. 베개 하나 더 드릴까요?

04. 기내가 추운 것 같아요.

05. 따뜻한 음료 한 잔 드시겠습니까?

06. 객실 온도를 확인해보겠습니다.

07. 독서등을 켜드릴까요?

08. 곧 갖다드리겠습니다.

09. 남아 있는 담요가 있는지 확인해보겠습니다.

10. 화장실이 다 찼습니다.

11. 좌석벨트 표시등이 켜져 있습니다.
좌석벨트를 매주시기 바랍니다.

12. 안전을 위해서 좌석벨트를 매주시겠습니까?

13. 주무시는 데 불편하신 점이 있나요?

14. 죄송합니다만 주무시는 승객들을 위해서 아이들을 조금만 조용하게 해주시겠습니까?

15. 창문 커튼을 닫아주시겠습니까?

## 기내방송-기류 변화

손님 여러분,
A: 기류 변화로 / 비행기가 (다소) 흔들릴 것으로 예상됩니다.
B: 기류 변화로 / 비행기가 흔들리고 있습니다.
여러분의 안전을 위해 / 자리에 앉아 좌석벨트를 매주시기 바랍니다.
감사합니다.

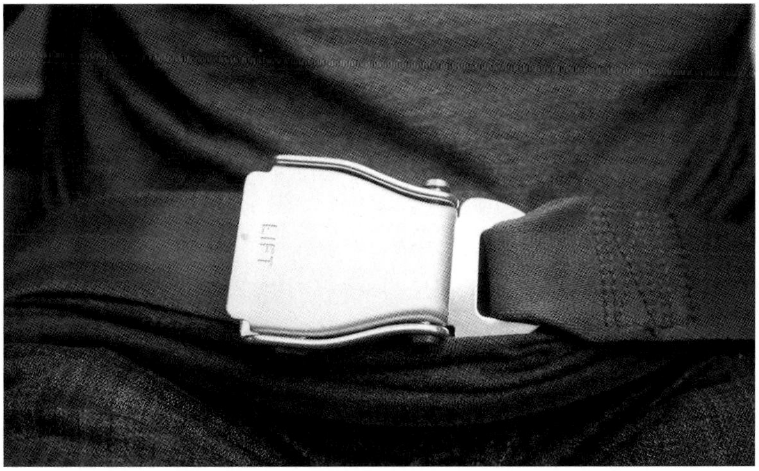

# 대화문

## 상황 1

**승 객** 실례합니다. 기내가 추운 것 같아요.
어떻게 해주실 수 있으신가요?

**승무원** 죄송합니다. 손님.
기내 온도를 확인해보겠습니다.
그리고 담요와 따뜻한 물을 가져다 드릴까요?

**승 객** 네, 그렇게 해주시면 좋겠습니다.
(……)

**승무원** 여기 담요와 따뜻한 물이 있습니다.

**승 객** 감사합니다.

**승무원** 별말씀을요. 실내 온도를 올렸지만 객실 온도가
올라가는 데 몇 분이 걸릴 것입니다.

**승 객** 감사합니다.
(……)

**승무원** 실례합니다. 손님. 지금은 어떠신가요?

**승 객** 훨씬 좋아진 것 같아요. 감사합니다.

**승무원** 다행입니다.
다른 것 더 필요하신 것이 있나요?

**승 객** 괜찮습니다. 감사합니다.

**승무원** 즐거운 비행이 되시기 바랍니다.

**상황 2**

**승무원** 실례합니다. 손님.
주방 옆이라서 저희가 조심하겠지만 소음이 있습니다.
제가 해드릴 게 있으면 언제든지
말씀해주시기 바랍니다.

**승 객** 감사합니다.

**상황 3**

**승 객** 실례합니다.

**승무원** 네, 손님. 어떻게 도와드릴까요?

**승 객** 10분 전에 어떤 분에게 커피 한 잔을
부탁드렸는데 아직 오지 않아서요.
아마 잊어버리신 것 같아요.

**승무원** 너무 죄송합니다.
즉시 가져다 드리겠습니다.

**승 객** 네, 너무 오래 기다리게 하지 말아주세요

**승무원** 네, 손님 곧 가져다 드리겠습니다.
(……)
여기 커피와 쿠키를 조금 가져왔습니다. 손님.
너무 오래 기다리시게 해서 정말 죄송합니다.

## 상황 4

**승무원** 손님, 어떻게 도와드릴까요?

**승 객** 스크린에 문제가 있는 것 같습니다.

**승무원** 작동을 안 하나요?

**승 객** 잠깐 동안 작동을 했는데 갑자기 꺼졌어요.

**승무원** 다시 켜보셨나요?

**승 객** 네, 하지만 작동을 하지 않았어요.

**승무원** 제가 살펴보겠습니다.
(……)
스크린에 문제가 있어 보입니다.

**승 객** 고치실 수 있어요?

**승무원** 죄송하지만 지금 제가 고치지는 못합니다.
다른 좌석으로 옮기시는 것은 어떠세요?
오늘은 객실 앞쪽에 빈 좌석이 좀 있습니다.

**승 객** 좋습니다. 어디에 앉아야 하는지 알려주세요.

**승무원** 네, 손님. 제가 안내해드리겠습니다.
불편을 끼쳐드려서 죄송합니다.

**상황 5**

**승무원** 실례합니다. 손님. 도와드릴까요?

**승 객** 저는 그저 일등석 구역을 돌아보기를 원합니다.

**승무원** 죄송하지만 일등석 손님들이 지금 휴식을 취하고 있는 중이라서 곤란합니다.
괜찮으시다면 착륙 후에 보여드리겠습니다.

**승 객** 네, 알겠습니다.

**승무원** 이해해주셔서 감사합니다.

**상황 6**

**승 객** 실례합니다. 제 아들이 조종석을 좀 보고 싶어 합니다.
혹시 가능한가요?

**승무원** 손님, 너무 죄송합니다. 승객분들이 비행 중에 조종석에 들어가는 것은 보안상의 이유로 허락되지 않습니다.

**승 객** 아, 네. 알겠습니다.

**승무원** 이해해주셔서 감사합니다.

## 상황 7

**승 객 1** 실례합니다. 제가 정말 잠을 좀 자고 싶은데 저 남자아이가 계속 떠들어서요. 뭔가 조치를 취해주실 수 있나요?

**승무원** 네, 손님. 제가 말씀드려보겠습니다.

**승무원** (승객 2에게)
실례합니다. 손님. 죄송합니다만 다른 손님들께서 주무시는데 잠시 동안 아드님을 조금 조용하게 해주실 수 있으신가요? 감사합니다.

**승 객 2** 네, 알겠습니다. 미안합니다.

**승무원** 협조해주셔서 감사합니다.

### 상황 8

**승무원** 실례합니다. 손님.
아기를 좌석벨트 바깥으로 안아주시겠어요?
그렇게 하는 것이 아기에게 더 안전하고 더 편안합니다.

**승 객** 네, 알겠습니다.
혹시 기저귀가 있습니까? 비행 중에 좀 더 필요할 것 같아서요

**승무원** 네, 있습니다. 곧 가져다 드리겠습니다.

**승 객** 정말 감사합니다.

**승무원** 별말씀을요.

### 상황 9

**승 객** 뉴욕에 도착하려면 얼마나 걸리나요?

**승무원** 약 두 시간 정도 걸릴 것으로 예상하고 있습니다.
예정보다 20분 정도 앞당겨졌습니다.
(예정보다 약 20분 정도 먼저 도착할 것입니다.)
(예정보다 조금 늦었습니다.)

**승 객** 감사합니다.

**승무원** 별말씀을요.

### 상황 10

**승 객** 실례합니다.
런던까지 얼마나 더 걸리나요?

**승무원** 세 시간 이상 남아 있습니다.

**승 객** 런던과 서울의 시차가 얼마입니까?

**승무원** 런던은 서울보다 9시간이 늦습니다.

**승 객** 감사합니다.

**승무원** 도움이 되셨다니 기쁩니다.

S-F/Shutterstock.com

# 대화문 표현 익히기

## ~ 것 같아요

동사/형용사 + 은/는/을 것 같아요

1. 추측을 나타낼 때 쓴다.
2. 공손하게 의견을 제시할 때 쓰는 표현이다.
3. 개인적 견해라는 전제를 담보하는 추측으로 구어에서 주로 사용하며, 전문성, 학술성, 공식성이 나타나는 장르에는 잘 사용하지 않는다.

### 형태 정보

| | 동사 | | | 형용사 | |
|---|---|---|---|---|---|
| | 과거 | 현재 | 미래 | 현재 | 미래 |
| 받침 ○ | ~은 것 같다 | ~는 것 같다 | ~을 것 같다 | ~은 것 같다 | ~을 것 같다 |
| 받침 × | ~ㄴ 것 같다 | | ~ㄹ 것 같다 | ~ㄴ 것 같다 | ~ㄹ 것 같다 |

예 문

- 기내가 좀 추운 것 같아요.
- 잊어버리신 것 같아요.
- 좋은 것 같아요.

## 주요 단어

| | | | |
|---|---|---|---|
| • 조종석 | • 기저귀 | • 기내 온도 | • 조종하다 |
| • 조용하다 | • 취하다 | • 협조하다 | • 떠들다 |
| • 고치다 | • 꺼지다 | • 잊어버리다 | • 앞당기다 |

# 연습하기

※ 다음의 문장을 완성하시오.

## 1. 기내가 춥다는 승객

승 객 ______________________________.

승무원 ______________________________.

승 객 ______________________________.

승무원 ______________________________.

## 2. 비행 중에 조종석을 보고 싶다는 승객

승 객 ______________________________.

승무원 ______________________________.

승 객 ______________________________.

승무원 ______________________________.

## 3. 다른 승객의 휴식을 방해하는 승객

승 객 ______________________________.

승무원 ______________________________.

승 객 ______________________________.

승무원 ______________________________.

# 항공객실 업무 지식

1. 객실 온도 조절의 기준에 대해 설명하세요.

2. 비행 중의 조종실 출입에 대해 설명하세요.

3. 다른 승객의 휴식을 방해하는 경우와 대처 방법에 대해 설명하세요.

PART III

# 착륙 전 서비스

## Service before Landing

| 주요 업무 | 책임 및 역할 |
|---|---|
| 입국 서류 배포 및 작성 지원하기 | • 객실 서비스 규정에 의해 담당 구역별 도착지 입국에 필요한 서류를 배포한다.<br>• 객실 서비스 규정에 따라 도착지 국가의 출입국 규정을 숙지하여 승객에게 정확히 안내한다.<br>• 객실 서비스 규정에 따라 도착 전 입국에 필요한 서류의 작성 여부를 점검하고 조치한다.<br>• 객실 서비스 규정에 의해 특수 고객에게 필요한 서류 작성에 협조한다. |
| 기내 용품 회수하기 | • 객실 서비스 규정에 의해 서비스한 기내 용품과 회수된 기내 용품의 수량을 파악한다.<br>• 객실 서비스 규정에 의해 회수된 기내 용품의 상태를 확인하여 상태별로 분리한다.<br>• 객실 서비스 규정에 의해 기내 용품 소지 승객에 대해 회수 안내한다. |
| 기내 서비스 용품 및 면세품 재고 확인하기 | • 객실 서비스 규정에 따라 기내 판매 업무를 종료하고 면세품 재고를 확인한다.<br>• 객실 서비스 규정에 따라 면세품에 대한 상태를 확인하여 필요 조치를 취한다.<br>• 객실 서비스 규정에 따라 서비스 종료 후 서비스 용품 재고를 확인한다.<br>• 객실 서비스 규정에 따라 하기 시 필요한 조치 사항과 교대 팀에게 필요한 전달 사항을 기록한다. |

출처: NCS 홈페이지

# 1 입국 카드 배부

Entry Card Distribution

## 한국어 실무 표현

01. 입국 서류를 작성해주시겠습니까?
02. 최종 목적지가 어디신가요?
03. 가족은 한 장의 세관 신고서만 필요합니다.
04. 입국 카드는 개인별로 작성하셔야 합니다.
05. 신고하실 것이 없어도 세관 신고서를 작성하셔야 합니다.
06. 신고하실 물건이 있습니까?
07. 미국 시민이거나 영주권자이신가요?
08. 국적이 어디신가요?
09. 입국 카드를 작성하실 필요가 없습니다.
10. 영어 대문자로 작성해주시기 바랍니다.
11. 여기에 미국 주소를 기입해주시기 바랍니다.
12. 제가 대신 써드릴까요?
13. 영어로 한국 주소를 써주세요.

14. 비자를 어디서 받으셨습니까?

15. 입국 카드를 제가 확인해드리겠습니다.

16. 모든 승객은 이 공항의 검역신고서를 작성하셔야 합니다.

17. 과일 반입은 엄격히 금지되어 있습니다.

## 기내방송–입국 서류 준비

안내 말씀 드리겠습니다.
한국에 입국하기 위해서 여권과 다른 서류들을 준비해주시기 바랍니다.
면세 한도액 또는 미화 ______달러 이상 또는 외화로 동등한 가치를 지닌 품목은 세관 신고서에 기재하셔야 합니다.
만약 어떤 종류의 과일이나 식물 또는 고기 제품을 가지고 있으시면 그것은 세관 신고서에 신고되어야 합니다.
다른 항공기나 배로 도착하는 짐을 가지고 계신 승객은 두 개의 세관 신고서를 작성하셔야 합니다. 더 자세한 내용은 승무원에게 문의하시기 바랍니다.
감사합니다.

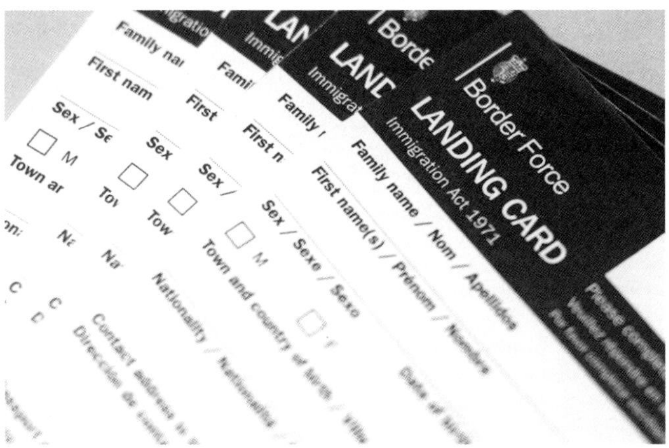


Anastacie/Shutterstock.com

## 기내방송-통과 여객 A

계속해서 / 이 비행기로 ___까지 가시는 손님 여러분께 / 안내 말씀 드리겠습니다.
손님 여러분의 안전과 항공기 보안을 위해 / 모든 짐을 가지고 내리시기 바랍니다.
내리신 후에는 / 저희 지상 직원의 안내에 따라 통과 카드를 받으신 다음, /
공항 라운지에서 잠시 기다려주십시오.
저희 비행기의 출발 시각은 ___시 ___분이며, / 정확한 시각은 공항에서 다시 알려드리겠습니다.
감사합니다.

## 기내방송-통과 여객 B

계속해서 / 다른 비행기로 갈아타시는 손님 여러분께서는 /
모든 짐을 가지고 내리시기 바랍니다.
내리신 후에는 / 저희 지상 직원의 안내를 받으시기 바랍니다.
감사합니다.

# 대화문

## 상황 1

**승무원** 실례합니다. 손님. 여기 입국 카드와 세관 신고서입니다.

**승 객** 이것을 다 써야 하나요?

**승무원** 한국에 방문하시는 건가요?
아니면 통과 여객이신가요?

**승 객** 여행입니다.

**승무원** 그러면 입국 카드와 세관 신고서를 쓰셔야 합니다.

**승 객** 네, 펜 좀 빌려주시겠어요?

**승무원** 여기 있습니다.

**승 객** 감사합니다.

**승무원** 별말씀을요.

### 상황 2

**승 객** 실례합니다. 면세 허용량이 어떻게 되나요?

**승무원** 술 ___병과 향수 ____개, 그리고 담배 ____보루입니다.

**승 객** 감사합니다.
가족과 함께 여행 중인데 각자가 세관 신고서를
작성해야 하나요?

**승무원** 아뇨. 가족은 한 장의 세관 신고서만 작성하시면
됩니다(가족당 한 장만 쓰시면 됩니다.).

**승 객** 아, 알겠습니다.

**승무원** 작성하시는 데 도움이 필요하시면 말씀해주시기 바랍니다.

tridrian/Shutterstock.com

**상황 3**

**승 객** 실례합니다.
저는 서울에 두어 시간 머물 예정이고 시내 관광을 할 계획입니다.
그리고 오늘 밤에 싱가포르로 갈 예정입니다.
입국 서류를 작성해야 하나요?

**승무원** 네, 그렇습니다.
입국 카드와 세관 신고서를 작성하셔야 하고
여행 목적에 "TRANSIT"이라고 쓰셔야 합니다.

**승 객** 감사합니다.

**승무원** 별말씀을요.

## 상황 4

**승 객** 안녕하세요. 뭐 좀 물어볼 수 있을까요?

**승무원** 물론입니다. 손님.
어떻게 도와드릴까요?

**승 객** 저는 환승객이고 몇 시간 동안 인천공항에
머무를 것입니다.
입국 서류를 작성해야 하나요?

**승무원** 아뇨, 서류를 작성하실 필요가 없습니다.
환승 구역을 떠나지 않으시면 입국 서류가
필요 없습니다. 손님.
더 궁금하신 것이 있나요?

**승 객** 공항에서 할 수 있는 게 뭐가 있나요?

**승무원** 면세점과 특산품을 파는 곳과 식당이 많이 있습니다.

**승 객** 감사합니다.

**승무원** 별말씀을요.

**상황 5(미국 입국 시)**

**승 객** 실례합니다. 저는 미국에 살지만 미국 시민이 아닙니다.
이 카드를 작성해야 하나요?

**승무원** 영주권자이시거나 외국인 등록증을 가지고 계신가요?

**승 객** 네, 가지고 있습니다.

**승무원** 그러면 세관 신고서만 작성하시면 됩니다.

**승 객** 알겠습니다. 감사합니다.

**승무원** 별말씀을요.

**상황 6**

**승 객** 실례합니다. 저는 여행객입니다.
이 서류를 작성해야 하나요?

**승무원** 네, 그렇습니다. 손님.
미국 시민, 영주권자, 미국 이민자, 그리고
캐나다인을 제외한 모든 승객들은 입국 서류와
세관 신고서를 작성하셔야 합니다.

## 상황 7

**승 객 1** 저는 단체로 여행하는 중입니다. 각자 개인적으로 입국 서류를 작성해야 하나요?

**승무원** 네, 그렇습니다. 손님. 입국 서류를 개별적으로 작성하셔야 합니다.

**승 객 2** 저는 가족과 함께 여행 중입니다. 가족들이 이 양식을 따로 작성해야 하나요?

**승무원** 입국 카드는 개인별로 작성하셔야 하지만 세관 신고서는 가족당 한 장만 작성하시면 됩니다.

**승 객 2** 알겠습니다. 감사합니다.

**승무원** 별말씀을요.

1981 Rustic Studio kan/Shutterstock.com

# 대화문 표현 익히기

## ~해야 하나요?

동사/형용사 −아야/어야/해야 + 하다

1. 의무나 당위의 필요가 있음을 나타내는 표현이다.
2. '−나요'는 공손하고 부드럽게 물어볼 때 사용하는 표현이다.
3. 주로 구어에서 사용하며 여성적인 느낌이 있다.

### 형태 정보

| | 형태 |
|---|---|
| ㅏ, ㅗ | −아야 하다 |
| ㅏ, ㅗ 외 | −어야 하다 |
| 하다 | 해야 하다 |

예 문

- 통과 여객인데 입국 카드를 써야 하나요?
- 세관 신고서를 작성해야 하나요?

## 주요 단어

- 외국인등록증
- 입국 카드
- 세관 신고서
- 검역 신고서
- 면세 허용량
- 환승객
- 환승 구역
- 시내 관광
- 입국 서류
- 빌리다
- 방문하다
- 살다

# 연습하기

※ 다음의 문장을 완성하시오.

## 1. 입국 서류 배포

승무원 ______________________________.

승 객 ______________________________.

승무원 ______________________________.

승 객 ______________________________.

승무원 ______________________________.

## 2. 한국의 면세 허용량

승무원 ______________________________.

승 객 ______________________________.

승무원 ______________________________.

승 객 ______________________________.

## 3. 통과 여객

승무원 ______________________________.

승 객 ______________________________.

승무원 ______________________________.

승 객 ______________________________.

# 항공객실 업무 지식

1. 주요 국가별 면세 허용량에 대해 설명하세요.

2. 검역 신고서가 필요한 경우를 설명하세요.

3. 통과 여객에 대해 설명하세요.

# 2 착륙 준비
Preparation for Landing

## 한국어 실무 표현

01. 좌석벨트를 매주시겠습니까?
02. 헤드폰을 주시겠습니까?
03. 창문 커튼을 열어주시겠습니까?
04. 서울은 날씨가 좋을 것입니다.
05. 자리로 돌아가셔서 좌석벨트를 매주시겠습니까?
06. 좌석을 똑바로 세워주시겠습니까?

## 기내방송-헤드폰 수거

손님 여러분.
저희의 엔터테인먼트 프로그램이 즐거우셨기를 바랍니다.
저희 승무원들이 곧 헤드폰을 회수하겠습니다.
협조해주시기 바랍니다.
감사합니다.

# 대화문

## 헤드폰 수거

collecting headphones

### 상황 1

**승무원** 실례합니다.
헤드폰을 수거해도 되겠습니까?
비행기가 곧 착륙할 예정입니다.

**승 객** 좌석 포켓에 넣었습니다.

**승무원** 네, 제가 치워드리겠습니다.
감사합니다.

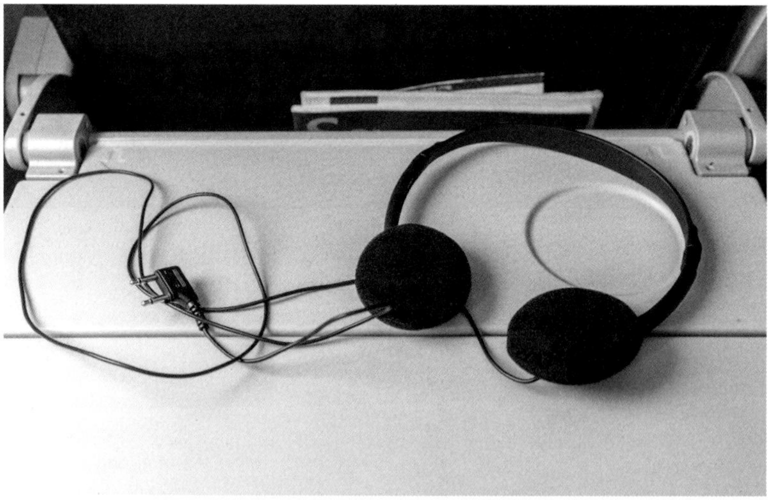

## 안전 점검

safety check

### 상황 1

**승무원** 실례합니다. 손님.
비행기가 곧 착륙할 예정입니다.
좌석벨트를 매주시고, 좌석을 똑바로 세워 주시겠습니까?
테이블을 닫아주시고 창문 커튼도 열어주시기 바랍니다.

**승 객** 알겠습니다.

**승무원** 감사합니다.

RUBEN M RAMOS/Shutterstock.com

**상황 2**

**승무원** 실례합니다. 손님. 비행기가 곧 착륙합니다.
자리로 돌아가셔서 좌석벨트를 매주시겠습니까?

**승 객** 알겠습니다.

**승무원** 감사합니다. 손님

**상황 3**

**승무원** 실례합니다. 손님. 비행기가 곧 착륙합니다.
아기 요람을 치워드려도 될까요?

**승 객** 물론입니다.

**승무원** 비닐 백도 치워드릴까요?
더 필요하신 것은 없나요?
(……)
손님, 아기를 좌석벨트 밖으로 안아주십시오.
그것이 아기에게 훨씬 더 안전하고 편안합니다.

**승 객** 아, 알겠습니다.

## 기내방송-착륙 준비

손님 여러분,
저희 비행기는 잠시 후에 착륙하겠습니다.
좌석벨트를 매주시고, 좌석 등받이와 테이블을 / 제자리로 해주십시오.
아울러 꺼내놓으신 짐들은 / 선반 속과 앞좌석 밑에 / 다시 보관해주시고, 지금부터 모든 전자기기의 사용을 / 삼가주시기 바랍니다.
감사합니다.

RUBEN M RAMOS/Shutterstock.com

## 승객 수하물 정리

baggage

### 상황 1

**승무원** 실례합니다. 손님.
가방을 선반에 넣으시겠습니까?
아니면 좌석 아래에 두시겠어요?
비행기가 곧 착륙합니다.

**승 객** 꼭 그렇게 해야 하나요? 가방을 옆에 두고 싶은데…….

**승무원** 죄송합니다. 손님. 착륙하는 동안은 통로에
두실 수 없습니다.
손님들의 안전을 위해서입니다.

**승 객** 알겠습니다.

**승무원** 감사합니다. 손님.

### 상황 2

**승 객** 실례합니다.
제 가방을 좀 갖다주시겠어요?

**승무원** 손님, 착륙 후에 가방을 가져다 드려도 될까요?
손님의 안전을 위해서 착륙 후에 바로 가져다
드리겠습니다.

**승 객** 알겠습니다.

**승무원** 감사합니다.

## 음료 컵 회수

collecting used cups

**상황 1**

**승무원** 실례합니다. 손님.
음료는 다 드셨습니까? 치워드릴까요?
비행기가 곧 착륙할 예정입니다.

**승 객** 네, 그런데 한 잔 더 마실 수 있을까요?

**승무원** 죄송합니다만.
착륙 준비를 위해 지금은 물만 가져다 드릴 수 있습니다. 괜찮으실까요?

**승 객** 네, 좋겠습니다. 감사합니다.

## 착륙 지연

delayed landing

**상황 1**

**승 객** 실례합니다.
왜 아직 착륙을 안 하는 건가요?

**승무원** 손님, 대단히 죄송합니다.
인천공항의 짙은 안개 때문에 예정 시간에 착륙이 어려울 것 같습니다.

30분 정도 더 걸릴 예정입니다.
기장님께서 곧 방송으로 알려주실 겁니다.
새로운 정보가 있으면 계속 알려드리겠습니다.

**승 객** 알겠습니다.

**승무원** 이해해주셔서 감사합니다.

**상황 2**

**승 객** 실례합니다. 지금 착륙하는 건가요?

**승무원** 네, 그런데 약간 지연이 되고 있습니다.

**승 객** 왜요?

**승무원** 날씨가 좋지 않아서 착륙 공항 주변을 순회하고 있습니다. 우리 앞에 몇 대의 비행기가 더 기다리고 있습니다.

**승 객** 얼마나 더 기다려야 합니까?

**승무원** 20분쯤 후에 착륙할 예정입니다. 기장님께서 곧 방송으로 알려주실 것입니다.

**승 객** 알겠습니다.

**승무원** 이해해주셔서 감사합니다.

Benoit Daoust/Shutterstock.com

## 현지 날씨

local weather

### 상황 1

| | |
|---|---|
| 승 객 | 로스앤젤레스의 날씨는 어떻습니까? |
| 승무원 | 섭씨 32도에 맑은 날씨입니다. |

## 대중교통

transportation

### 상황 1

| | |
|---|---|
| 승 객 | 실례합니다.<br>공항에서 시내까지 얼마나 걸립니까? |
| 승무원 | 여러 가지 대중교통을 이용하실 수 있습니다.<br>공항버스, 전철, 택시를 이용하실 수 있습니다.<br>택시로 시내까지는 약 한 시간 반 정도 걸립니다.<br>교통 사정에 따라 다릅니다. |
| 승 객 | 감사합니다. |
| 승무원 | 별말씀을요.<br>서울이 마음에 드시면 좋겠습니다.<br>(서울에서 즐거운 여행이 되시기 바랍니다.) |

## 기내방송–환송 인사

손님 여러분,
방금 _____공항에 도착했습니다.
지금 이곳은 _____월 _____일, 오전(오후) _____시 _____분이며, /
기온은 섭씨 _____도입니다.
비행기가 완전히 멈춘 후, / 좌석벨트 사인이 꺼질 때까지 /
잠시만 자리에서 기다려주시기 바랍니다.
선반을 여실 때는 / 안에 있는 물건이 떨어지지 않도록 조심해주시고, / 잊으신 물건이 없는지 / 다시 한 번 살펴주십시오.
오늘도 저희 ○○항공을 이용해주셔서 / 대단히 감사합니다.
안녕히 가십시오.

PART

# IV

# 착륙 후 서비스

## After Landing

| 주요 업무 | 책임 및 역할 |
| --- | --- |
| 승객 하기 지원하기 | • 도착지 공항 규정에 따라 검역 또는 세관의 허가가 필요한지 확인한다.<br>• 객실 서비스 규정에 따라 승객 하기 시 감사하는 마음으로 하기 인사를 실시한다.<br>• 객실 서비스 규정에 의해 승객의 짐 운반 등을 적극적으로 도와준다. |
| 특수 고객 지원하기 | • 객실 서비스 규정에 따라 지상 직원에게 여객 및 화물 운송 관련 서류(Ship pouch)를 인계하고, 중요 승객이나 특별 승객에 대한 정보를 구두로 먼저 알려준다.<br>• 객실 서비스 규정에 따라 응급 환자, VIP, F/C, C/C, Y/C, UM(비동반소아), Stretcher(환자) 승객순으로 신속히 하기가 이루어질 수 있도록 안내한다.<br>• 객실 서비스 규정에 따라 특수 고객을 위해 적극적으로 게이트(Gate)까지 지원한다. |

출처: NCS 홈페이지

# 1 하기
## Deplane

### 한국어 실무 표현

01. 아직 주기장에 도착하지 않았습니다.
02. 주기장에 도착할 때까지 자리에 앉아 계시겠습니까?
03. 저희와 함께 비행해주셔서 감사합니다.
04. 손님께서 다시 탑승해주시기를 바랍니다.
05. 호놀룰루에서 좋은 시간 보내세요.
06. 서울에서 좋은 시간 보내시기를 바랍니다.

# 대화문

## 상황 1

**승무원** 실례합니다. 손님.
좌석에 앉아주시겠습니까?
(앉아주십시오!)
아직 주기장에 도착하지 않았습니다.
비행기가 주기장에서 완전히 멈출 때까지 자리에 앉아서 기다려주시기 바랍니다.

**승 객** 알겠습니다.

**승무원** 감사합니다.

## 상황 2

**승무원** 실례합니다. 손님.
맡기셨던 손님 가방입니다.

**승 객** 감사합니다.

**승무원** 천만에요.
잊으신 물건이 없는지 다시 한 번 확인해 주시기 바랍니다.

**상황 3**

**승무원** 오늘 여행이 즐거우셨나요?

**승 객** 물론입니다

**승무원** 감사합니다.
또 뵙겠습니다. 안녕히 가십시오.

**상황 4**

**승무원** 손님, 오늘 비행은 괜찮으셨습니까?
꽤 긴 비행이었습니다.

**승 객** 비행하는 동안 좋은 시간을 보냈습니다.
감사합니다.

**승무원** 그러셨다니 기쁩니다.
다시 뵙기를 바랍니다.
서울에서 좋은 시간 보내세요.

**상황 5**

**승무원** 손님, 앉아주시기 바랍니다.
비행기가 완전히 멈춘 후에
선반에서 짐을 꺼내주시겠습니까?

**승 객** 알겠습니다.

**승무원** 협조해주셔서 감사합니다.

**상황 6**

**승무원** 실례합니다. 손님.
2층에서 승객들이 내려오시는 동안 여기서 잠시만 기다려주시겠습니까?
협조해주셔서 감사합니다.

**승 객** 네, 알겠습니다.

PART

# V

# 환자 승객

Sick Passengers

| 주요 업무 | 책임 및 역할 |
|---|---|
| 응급 환자 발생 상황 파악 · 보고하기 | • 객실 서비스 및 객실 안전 규정에 따라 기내 환자 발생 여부를 파악한다.<br>• 객실 서비스 및 객실 안전 규정에 따라 환자에 대한 정보를 신속하게 상급자에게 보고한다.<br>• 객실 서비스 및 객실 안전 규정에 따라 환자에 대한 정보를 공유한다. |
| 응급 환자 초기 대응하기 | • 객실 서비스 및 객실 안전 규정에 따라 응급 처치한다.<br>• 객실 서비스 및 객실 안전 규정에 따라 환자의 응급 상태를 확인하고, 탑승 의사와 의료진을 신속하게 찾는다.<br>• 객실 서비스 및 객실 안전 규정에 따라 응급 치료 장비를 탑승 의사의 협조를 구해 활용할 수 있도록 조치한다. |
| 응급환자 후속 관리하기 | • 응급 환자 대응 매뉴얼에 따라 응급 환자 상태가 악화되지 않도록 관리한다.<br>• 응급 환자 발생에 따라 일반 탑승자의 쾌적한 여행이 방해되지 않도록 조치한다.<br>• 착륙 후 응급 환자 대응 매뉴얼에 따라 공항과의 협조 체제가 순조롭게 진행될 수 있게 조치한다. |
| 환자 대처 상황 기록하기 | • 객실 서비스 및 객실 안전 규정에 따라 응급 환자 발생 시 조치 내용과 상태를 기록한다.<br>• 객실 서비스 및 객실 안전 규정에 따라 응급 환자 관련 후속 조치 내용을 기록한다.<br>• 객실 서비스 및 객실 안전 규정에 따라 응급 환자의 공항 인수인계 내용을 기록한다.<br>• 객실 서비스 및 객실 안전 규정에 따라 비행 종료 후 환자 조치 내역을 기록하여 회사에 보고하고 향후 환자 관리에 참고가 되도록 한다. |

출처: NCS 홈페이지

# 한국어 실무 표현

01. 지금 기분은 어떠십니까?
02. 약에 대해서 알레르기가 있습니까?
03. 빨리 회복되시기를 바랍니다.
04. 좋아지셔서 너무 다행입니다.
05. 누우실 수 있는 빈 좌석이 있는지 확인해보겠습니다.
06. 알레르기 반응을 보인 적이 있다면 말씀해주세요.
07. 체온을 좀 재겠습니다.
08. 평소에 혈압이 높으신가요?
09. 이런 문제를 전에 겪어보신 적이 있습니까?
10. 타이레놀이라도 드시겠습니까?
11. 병원 치료를 받은 적이 있습니까?

# 대화문

## 상황 1

**승 객** 실례합니다.

**승무원** 네, 손님. 무엇을 도와드릴까요.

**승 객** 귀가 막혔어요. 무슨 방법이 있을까요?

**승무원** 귀가 막히셨다면 이렇게 해보시면 좋습니다.
코를 막고 입을 다물고 부드럽게 바람을 밖으로 불어보세요.

**승 객** 오, 효과가 있습니다.

**승무원** 너무 세게 불지 마시고, 입을 하품하듯이
벌려주시는 것도 좋습니다.

**승 객** 네, 감사합니다.

**승무원** 천만에요.
따뜻한 물을 드시면 도움이 됩니다.
레몬차 한 잔 드시겠습니까?

**승 객** 네, 감사합니다.

### 상황 2

**승 객** 실례합니다. 몸이 별로 좋지 않습니다.

**승무원** 어디가 불편하신가요?
어떻게 도와드릴까요?

**승 객** 구역질이 나요.
혹시 약이 있습니까?

**승무원** 알카 셀처와 펩토 비스몰이 있습니다.

**승 객** 펩토 비스몰을 좀 주시겠습니까?

**승무원** 물론입니다. 바로 가져오겠습니다.
(……)
여기 있습니다.
빨리 나아지시길 바랍니다.
(……)
좀 어떠신가요?

**승 객** 훨씬 좋아졌습니다. 감사합니다.

**승무원** 너무 다행입니다.
따뜻한 레몬차라도 드시겠습니까?

**승 객** 네, 좋아요. 감사합니다.

### 상황 3

**승 객** 실례합니다. 제가 두통이 심합니다.
두통약이 있습니까?

**승무원** 아, 네. 두통약은 타이레놀이 있습니다.
타이레놀이라도 드시겠습니까?

**승 객** 네, 주세요.

**승무원** 혹시 약에 대한 알레르기가 있습니까?

**승 객** 아뇨.

**승무원** 네, 손님. 바로 가져다 드리겠습니다.
한 알 또는 두 알 복용하시겠습니까?

**승 객** 두 알이 필요할 거 같습니다.
(……)
아뇨.

**승무원** 누우실 수 있는 빈 좌석이 있는지 알아보고 오겠습니다.
(……)
뒤쪽에 세 자리가 빈 좌석이 있는데 옮기시겠습니까?

**승 객** 네, 감사합니다.

**승무원** 제가 안내해드리겠습니다. 이쪽입니다.
빨리 나아지시기를 바랍니다.

### 상황 4

**승 객** 실례합니다.
토할 것 같습니다. 약이 있습니까?

**승무원** 멀미약과 멀미 백이 있습니다.
필요하시다면 이것을 사용하십시오.
멀미약 보네링-A가 있는데
그 약이라도 드시겠습니까?

**승 객** 네, 부탁합니다.

**승무원** 약에 대한 알레르기가 있습니까?

**승 객** 아니, 없습니다.

**승무원** 그러면 제가 약을 가져다 드리겠습니다.
(……)
여기 있습니다.
빨리 좋아지시기를 바랍니다.

### 상황 5

**승 객**　실례합니다. 소화가 안 되는데 소화제가 있습니까?

**승무원**　소화제는 베스타스가 있습니다.
그 약은 한국 브랜드입니다.
혹시 약에 대한 알레르기가 있나요?
한번 드셔보시겠습니까?

**승 객**　네, 부탁드립니다.

**승무원**　네, 손님.
잠시만 기다려주십시오.
(……)
여기 있습니다.

**승 객**　감사합니다.

**승무원**　괜찮습니다.
빨리 나아지시길 바랍니다.

## 상황 6

**승 객** 실례합니다.

**승무원** 도와드릴까요?

**승 객** 네, 제 아내가 숨 쉬기를 힘들어합니다.

**승무원** 혹시 아내분이 앓고 계신 질환이 있으신가요?

**승 객** 심장이 약간 좋지 않아서 병원 치료를 받은 적이 있습니다.

**승무원** 승객 중에 의사나 간호사가 있는지 찾아보고
조치를 취하도록 하겠습니다.
잠시만 기다려주세요.

# 대화문 표현 익히기

## ① ~라도(연결어미), ② ~다면

① 받침 없는 명사/부사/연결어미 + ~라도

② 동사/형용사 + ~다면

1. '① 받침 없는 명사/부사/연결어미 + ~라도'는 여러 가능성 중에 최선이 아닌 것을 선택함을 나타내는 조사이다.
2. '② 동사/형용사 ~다면'은 어떤 상황을 가정하여 뒤따르는 문장의 행위나 상태의 조건을 나타낸다.

### 형태 정보

### 1. 받침 없는 명사/부사/연결어미 + ~라도

| | 형태 |
|---|---|
| 받침 ○ | 친구라도 |
| 받침 × | 물이라도 |

### 2. 동사/형용사 ~다면

| | 조건 | 형태 |
|---|---|---|
| -다면 | 형용사/았/겠 뒤에 | 작다면 |
| -는다면 | ㄹ을 제외한 받침 ○ | 먹는다면 |
| -ㄴ다면 | ㄹ 받침, 받침 × | 만든다면 |

예 문

- 따뜻한 물이라도 드시겠습니까?
- 약이라도 드시겠습니까?
- 필요하시다면 이 백을 사용하십시오.
- 도울 일이 있다면 알려주세요.

## 주요 단어

| | | | |
|---|---|---|---|
| • 숨 쉬기 | • 소화불량 | • 알레르기 | • 멀미 |
| • 구토 | • 두통 | • 병원 치료 | • 설사 |
| • 질환 | • 힘들다 | • 코를 막다 | • 앓다 |

# 연습하기

※ 다음의 문장을 완성하시오.

## 1. 두통과 열이 있는 환자

승무원 ______________________________.

승 객 ______________________________.

승무원 ______________________________.

승 객 ______________________________.

승무원 ______________________________.

## 2. 호흡이 곤란한 환자

승 객 ______________________________.

승무원 ______________________________.

승 객 ______________________________.

승무원 ______________________________.

## 3. 소화불량인 환자

승 객 ______________________________.

승무원 ______________________________.

승 객 ______________________________.

승무원 ______________________________.

## 항공객실 업무 지식

1. 환자 발생 시 상황 대처에 대해 설명하세요.

2. 의료진이 필요한 경우의 상황 대처에 대해 설명하세요.

3. 기내에 비치된 의료 장비와 구급품에 대해 설명하세요.

PART

# VI

# 부록

## Miscellaneous

## VI-1. 국가별 출입국 서류

| 국가 | 여권 | 검역 설문서 | 입국 카드 | 세관 신고서 | 승무원 서류 |
|---|---|---|---|---|---|
| 대한민국 | 전 탑승객 | 해당 국가 작성 요함 | 전 외국인 작성 | 가족당 1부 작성 | 세관 신고서 |
| 중국 | 전 탑승객 | 비정상 상황에만 작성 | 전 외국인(영어/중국어로 작성) 그룹 비자 소지 승객은 불필요함 | 유 · 소아 포함 1인당 1부 (영어/중국어로 작성) 세관 품목 소지자만 작성 | 세관 신고서 |
| 일본 | 전 탑승객 |  | 전 외국인 | 가족당 1부 | 세관 신고서 |
| 미국 | 전 탑승객 | 세관 신고서에 검역 포함 | 전 외국인(영어로 작성) | 가족당 1부 작성 (검역 포함) | 입국/세관신고서 |
| 영국 | 전 탑승객 | 별도로 없음 | 유럽연합 외 국적 승객 작성 요함 | 별도로 없음 | 별도로 없음 |
| 타이 | 전 탑승객 | 별도로 없음 | 유 · 소아 포함 1인당 1부 | 구두 신고 가능 | G/D 명단에 서명 |
| 호주 | 전 탑승객 |  | 입국 신고서 (세관/검역 포함) 작성 |  | aircrew-declaration 작성 |

## VI-2. FIRST AID KIT 내용품

| 의료 소모품 | |
|---|---|
| 품 목 | 수 량 |
| 목록(list of kit contents) | 1개 |
| 거즈(롤) 붕대(roller bandage) | 4개 |
| 화상 처치용 거즈(burn gauze) | 1개 |
| 바셀린 거즈(vaseline gauze) | 1개 |
| 멸균 압박용 거즈(sterile compress gauze) | 8개 |
| 멸균 거즈(sterile gauze) | 1개 |
| 압박 붕대(bandage compresses) | 8개 |
| 부목(splints for arm and leg) | 2개 |
| 일회용 밴드(adhesive bandage compresses) | 16개 |
| 삼각건, 안전핀(triangular bandage, safety pins) | 5개 |
| 베타딘 스와프 또는 멸균 면봉(antiseptic swap) | 20개 |
| 반창고(adhesive tape) | 2개 |
| 상처 봉합용 테이프(sterile-strips) | 1개 |
| 안대(pad with shield for eye) | 1개 |
| 전자 체온계(thermometers (non-mercury)) | 1개 |
| 인공호흡을 위한 마스크(일방 통기 밸브용)<br>(resuscitation mask with one-way valve) | 1개 |
| 수술용 접착 테이프(adhesive surgical tape) | 1개 |
| 일회용 의료 장갑(disposable gloves) | 2개 |
| 손 세정제 또는 물수건(cleaning towelettes) | 2개 |

(계속)

| 의료 소모품 | |
|---|---|
| 품 목 | 수 량 |
| 가위(bandage scissors) | 1개 |
| 핀셋(tweezers) | 1개 |
| 사용 설명서(국 · 영문)(the first aid manual) | 1개 |
| 응급 처치 요령(the first aid manual) | 1권 |
| 생존자가 사용하는 지대공 시각 신호 코드<br>(ground air visual signal code for use by survivor) | 1개 |
| **의약품** | |
| 암모니아 흡입제(ammonia inhalants) | 10개 |
| 타이레놀 혹은 기타 해열 진통제(analgesics, antipyretics) | 5정 |
| 보나링 A 혹은 기타 멀미약(motion sickness medication) | 5정 |
| 부스코판 또는 기타 항진경제(antispasmodics) | 5정 |
| 나리스타-S 혹은 기타 점비액(decongestant nasal spray) | 1개 |
| 페니라민 또는 항히스타민제(antihistamines) | 5정 |
| 겔포스 또는 제산제(anti-acids) | 1포 |
| 정로환 또는 지사제(antidiarrheic agent) | 12정 |

## VI-3. EMERGENCY MEDICAL KIT

| 의료 장비(medical equipment) | |
|---|---|
| 내용품 목록(list of contents) | 가이드북(reference guide) |
| 청진기(stethoscope) | 혈압계(sphygmomanometer) |
| 항균 소독포<br>(alchol sponge, povidone iodine swadstick) | 일회용 주사기 및 주삿바늘<br>(disposable syringes and needles) |
| 인공 기도(airway) | 정맥 주사용 카테터(IV catheter) |
| 일회용 의료 장갑(surgical glove) | 지열대(tourniquet) |
| 도뇨관(foley catheter) | 수액 세트 |
| 스펀지 거즈<br>(sterilized gauze sponge ) | 주삿바늘 폐기함<br>(needle disposable box) |
| 접착 테이프(tape) | 외과용 마스크(surgical mask) |
| 기관 카테터(endotracheal tube) | 탯줄 집게(umbilical cord clamp) |
| 전자 체온계(electronic thermometer) | 인공호흡용 백 마스크(bag valve mask) |
| 기본 인명 구조술 지침서<br>(basic life support card) | 손전등과 건전지(illuminator) |

(계속)

| 의약품 |
|---|
| 아드레날린제 또는 에피네프린(epinephrine) |
| 항히스타민제–주사용(antihistamine) |
| 정맥주사용 포도당(50% dextrose) |
| 나이트로글리세린 정제(nitrostat) |
| 진통제(analgesics) |
| 항경련제–주사용(sedatives) |
| 진토제–주사용(antiemetic) |
| 기관지 확장제–흡입식(bronchodilator) |
| 아트로핀(atropine sulfate) |
| 부신 겉질 스테로이드 주사제(hydrocortisone) |
| 이뇨제–주사용(diuretics) |
| 자궁 수축제(uterotonic agent) |
| 주사용 생리식염수(intravenous & other sterile solutions) |
| 아스피린–경구용(aspirin) |
| 경구용 베타 수용체 차단제(beta blocker) |

# 참고문헌

이효선(2017), 항공객실 서비스 영어, 지식인.

장우정·양정미·임진희·김선희(2009), 항공기 객실 서비스 영어, 예문사.

박혜정(2009), 서비스맨의 이미지메이킹, 백산출판사.

박혜정·한향숙·백유진(2014), 기내방송1·2·3, 백산출판사.

이선지(2016), 승무원 서비스 중국어, 한올.

이동희·녕수연(2017), 항공 중국어, 백산출판사.

김정숙·김인균·박동호·이병규·이해영·정희정·최정순·허용(2005), 외국인을 위한 한국어 문법2, 커뮤니케이션북스.

강현화·이현정·남신혜·장채린·홍연정·김강희(2016), 한국어 교육 문법, 한글파크.

대한항공 IN-FLIGHT ANNOUNCEMENT.

아시아나항공 CABIN ANNOUNCEMENT.

대한항공 홈페이지

아시아나항공 홈페이지

NCS 홈페이지